무기력의 심리학

숨은 붙어 있으니
살아야겠고

MUKIRYOKU NO SHINRIGAKU

by Giyoo HATANO, Kayoko INAGAKI
© Giyoo HATANO, Kayoko INAGAKI 1981, 2020
Korean translation copyright © 2022 by Gongmyoung
First published in Japan by CHUOKORON-SHINSHA, INC.
through Imprima Korea Agency.

무기력의 심리학 ———————————

숨은 붙어 있으니
살아야겠고

하타노 기요오 · 이나가키 가요코 지음

김한수 옮김 | 박창호(전북대학교 심리학과 교수) 감수

감수의 글

스마트폰에서 시시각각 올라오는 SNS에는 멋진 이미지들이 넘쳐난다. SNS에 빠져 있다가 현실로 돌아오면 익숙하지만 평범한 일과가 기다리고 있다. 허전한 기분을 만회하려고 힘을 내보려 하지만, 그냥 큰 기대는 들지 않는다. 이렇게 변화를 바라고는 있지만 뭔가 해봤자 소용이 없으리라는 느낌이 든다면, 혹시 지금 '무기력' 상태에 빠져 있지 않은지 의심해 보아야 한다.

무기력은 단지 의욕이 떨어진 상태만이 아니다. 내 행동이 효과적이리라는 기대가 떨어진 것이다. 여러분은 어릴 때부터 무기력했을까? 대부분은 무기력하기는커녕 재미있는 일을 찾아서, 친구들끼리 모여서, 시시덕거리면서 많은 시간을 활발하게 보냈을 것이다. 때로는 흥밋거리에 푹 빠져 밤잠을 줄여보기도 했을 것이다. 그렇다면 언젠

가부터 우리 곁을 맴도는 이 무기력은 어떻게 생겨나는 것일까?

사실, 무기력은 타고난 성격이 아니라, 학습된 것일 수 있다. 미국의 심리학자인 셀리그만(M. E. P. Seligman)＊(＊ 표기 부분은 부록 〈인물 해설〉 참조)은 개에게 피할 수 없는 전기충격을 주는 실험을 통해 무기력이 학습될 수 있음을 보여주었다(자세한 내용은 본문 참조). 이것이 결말이라면 우리는 정말 불행할 것이다. 다행히 셀리그만이 보여준 다른 실험에서는 개가 무기력으로부터 회복될 수 있음도 알려주었다. 그러나 회복은 그냥 결심으로 이뤄지는 것이 아니라, 행동과 그 결과 간에 유효한 관련성을 발견함으로 인해 조금씩 일어난다. 후속 연구들은 무기력의 학습과 회복이 사람에게도 적용될 수 있음을 보여주었다. 이 책은 이런 중요한 발견을 여러분에게 소개한다.

어떤 일을 성공적으로 수행하는 데 나의 행동이 효과적이라고 느끼는 것을 '자기효능감'이라고 한다(이 책에서는 '효능감'으로 통일했다). 좀더 쉽게 말하면, 자기효능감은 어떤 일을 구체적으로 실행할 수 있다는 자신감인 셈이다. 아이들이 레고를 조립하여 작은 집을 만들고, '내가 레고를 조립할 수 있구나' 하고 느낄 때의 그 느낌이 자기효능감이다. 그런데 주변 사람이 그 레고 집을 형편없이 깎아내린다면 자기효능감은 떨어질 것이다. 사람은 자신의 행동이 어떤 결과를 낳는가를 예의주시하며, 그 결과가 무엇 때문인가를 스스로 판단한다. 앞서 말한 레고 집을 더 멋지고 정교하게 지었다 하더라도 그것이 내가

숨은 붙어 있으니 살아야겠고

애쓴 결과가 아니라 교사나 부모가 지시한 대로 따른 결과일 뿐이라면, 자기효능감은 높아지지 않을 것이다. 이처럼 내가 하는 노력이 도움 되지 않는다는 것을 반복 경험하면 무기력이 싹틀 수 있다.

이 책에서 효능감의 개념은 심리학 전문서에서보다는 다소 느슨하게 사용되고 있다. 예컨대, 효능감을 "환경에 능동적이고 지속적으로 대응하려는 경향(p.53)"과 같이 사람의 성격 특성이나 "환경을 (중략) 바꿀 수 있다고 믿는 자신감과 의욕적인 태도(p.56)"와 같이 다소 일반적인 심리 상태로 해석하는 경향이 있다. 이에 비해 심리학계에서 말하는 자기효능감은 특정 상황에서 성공할 수 있는, 혹은 과제를 완수할 수 있는 자기 능력에 대한 믿음이며, 경험을 통해 변화할 수 있는 것이다. 이와 관련하여, 자신감은 다양한 난이도의 여러 가지 일에 대해 일반화된(확장된) 자기효능감이라고 말할 수 있다. 그러나 자신감이 높은 사람이 반드시 어떤 일에 대한 자기효능감이 높은 것은 아니며, 그 반대도 마찬가지라는 점을 독자 여러분은 유념할 필요가 있다.

능력이 있는 사람도 자기효능감이 부족하면 유능성을 발휘하기 어렵다. 실패를 여러 번 겪은 사람은 자신에게 능력이 있어도 새로운 일을 어려워하거나 우물쭈물하기 쉽다. 흔히 하는 '실패는 성공의 어머니'라는 말과 달리, 반복된 실패는 자기효능감이나 자신감을 얼어붙게 하는 셀리그만 실험의 전기충격 같은 것이 될 수 있다. 게다가 실패하는 것도 학습될 수 있다.

새해 첫날, 어떤 결심을 하면서 기필코 달성하리라고 다짐하는가? 그러면서도 그동안 실패해온 자신에게 반신반의하지 않는가? 만일 그런 회의감이 스며든다면 여러분에게는 이미 무기력이 얼마간 영향을 미치고 있다고 볼 수 있다. 그 원인 중 하나는 여러분이 그동안 실패할 만한 일들을 결심해왔다는 것이리라.

실패를 쌓는 대신에, 성공을 쌓아야 한다.

성공할 만한 일을 결심하고, 성공을 경험하면 자기효능감은 성장한다.

자기효능감은 자기가 지각하는(느끼는) 능력이다. 이런 지각(느낌)은 자신을 설득하는 것과 다르고, 상상한다고 얻어지는 것도 아니며, 기분을 북돋우는 효과도 일시적일 뿐이다. 자기효능감을 기르는 가장 효과적인 방법은 자기가 수행하고 목표를 달성하는 것을 직접 경험하는 것이다. 그래서 저자의 지적대로 자기효능감은 자율성과 깊은 관련성이 있다. 남이 대신해주거나 지시받은, 즉 자율성이 낮은 일의 결과는 효능감에 그다지 기여하지 못한다. 자율성을 낮추는 다른 요인은 보상이다. 원해서 한 일에 보상이 주어지면 마치 보상을 받기 위해 한 일처럼 지각될 수 있다. 그러면 보상이 끊어지게 됐을 때 재미있던 일은 무가치한 일이 되어버린다. 이런 점은 어린이를 포함하여 사람들을 지도하는 위치에 있는 사람들이 유념해야 할 것이다. 데시(E. L. Deci)*와 라이언(R. Ryan)*은 자율성과 유능성, 그리고 소속감이 핵심적인 심리적 동기라고 주장했는데, 그 이유는 누구나 추구하고,

숨은 붙어 있으니 살아야겠고

이것이 결핍되면 심리적 문제가 생길 수 있기 때문이다. 이처럼 보상이 주어지지 않아도 스스로 추구하는 동기를 '내재적 동기'라고 한다.

내재적 동기가 어떤 일을 추구하도록 하지만, 그것을 달성하는 데에는 동기 이상의 것이 필요하다. 드웩(C. S. Dweck)*은 능력과 노력의 의미에 대한 사람들의 믿음에 두 가지 유형이 있다는 것을 발견했다. 어떤 사람은 능력이 정해져 있으므로 노력은 별 효과가 없다고 생각하는 반면, 다른 사람은 노력을 하면 능력은 계속 발달(성장)할 수 있다고 믿었다. 어떤 것을 믿느냐(그리고 칭찬하느냐)에 따라 여러분(과 주변 사람)의 행동은 달라질 수 있다. 고정된 능력을 믿는 사람은 능력을 보여주거나 과시하는 것을 좋아하는 반면, 능력의 부재를 암시하는 실패를 두려워한다. 노력을 믿는 사람은 실패도 성장의 한 과정이라고 생각하고 그 실패로부터 다시 일어설 수 있다. 부단한 노력은 숙달을 낳으며, 숙달은 자신감의 원천이 된다. 노력이 능력을 발달시키고 성취를 낳는 과정에 대해, 더크워스(A. L. Duckworth)는 '그릿(GRIT)'을 주장했다. GRIT은 성장(Growth), 회복력(Resilience), 내재적 동기(Intrinsic Motivation), 끈기(Tenacity)를 가리키는데, 내재적 동기에 기초하여 성장 믿음을 갖고 역경으로부터 일어서서 끈기 있게 노력하는 것을 말한다. '성공이 노력만으로 이뤄질 수 있는가'에 대해서는 많은 논쟁이 있지만, 노력이 일정한 몫을 차지한다는 것은 분명하다. 부연하면, 노력을 잘 조직하기 위한 목표 세우기가 또한 중요하다.

이 책은 효능감 위주로 서술하지만, 사람을 자발적으로 움직이게 하는 내재적 동기의 여러 측면, 자율감, 자기결정, 상호관계, 목표 설정, 숙달 개념 등을 자연스럽게 소개한다. 또, 연구 사례를 풀이하면서, 보상이나 강요에 의해서 움직이는 것이 아니라 원해서 스스로 움직이는 것에 무엇이 중요한지를 설명해준다. 막연하게 동기나 의욕이 중요하다고 생각해왔다면, 이 책을 통해 좀 더 구체적으로 어떤 동기를 길러야 할지를 배울 수 있고, 행동과 환경(혹은 피드백)의 관계에 어떤 변화를 줘야 할지에 대해 실마리를 얻을 수 있다. 7장의 부모와 자녀의 상호작용, 그리고 8장의 학교 교육에 관한 이야기는 교사나 학부모, 남에게 조언을 하거나 인도하는 멘토나 코치 등에게 특히 유익할 것이다. 이처럼 실제 장면에서 적용되는 원리와 응용 힌트들은 많은 사람에게 큰 도움이 될 것이다. 이 책이 일본에서도 34쇄를 발행한 스테디셀러로, 최근 2020년까지 개정을 거듭하며 30여 년 동안 널리 읽혀온 이유도 그런 이유였을 것이다. 마찬가지로 효능감 있는 삶을 설계하고자 하는 한국 독자들에게도 전환의 단서를 줄 것이다.

한국 사회는 여전히 집단주의적인 특성이 강하지만, 빠른 속도로 개인주의적인 경쟁체제에 진입하고 있다. 이 책(10장)의 분석에 의하면, 한국은 일본과 비슷한 사회에서 미국과 비슷한 사회로 변모하는 중이다. 가까이 보면 한국과 일본 간에도 여러 가지 차이점이 있고, 특히 한국에는 가족주의 내지는 온정주의가 강하지만, 이것도 1인 가구의 증가에서 보듯이 독립적 생활을 강조하는 방향으로 바뀌고 있

숨은 붙어 있으니 살아야겠고

다. 경쟁체제에서 낙오자는 무능력자로 취급받기 쉽고, 실제로 의지할 데 없이 무기력해질 수 있다. 개인주의 관점에서는 경쟁체제가 합리적인 것으로 보일 수도 있지만 경쟁의 대가로 소모적이고, 소외시키는 사회가 등장할 수 있다. 책에서 소개한 일본 문화처럼 타인과의 갈등 회피 수단으로 전락한 노력(하는 시늉)이나 무비판도 성장을 가로막는 미봉책에 불과할 것이다. 올바른 방향으로 노력하는 것을 응원하고 지원하는 사회 시스템이 바람직하다. 자기효능감이 출발점이 되어 공동체에서 함께할 수 있을 때, 일의 의미도 더 깊어질 것이다.

학습된 무기력에 빠지고 이로부터 벗어나는 과정을 실험한 셀리그만은 1998년 미국 심리학회장에 취임하는 연설에서 '긍정심리학'을 주창했다. 긍정심리학은 삶을 가치 있는 것으로 만드는 것을 다루는 분야로, 인간의 약점이나 나쁜 점 대신 인간의 강점과 좋은 점에 초점을 맞춘다. 긍정심리학은 사람을 행복하게 하고 더 긍정적으로 만드는 여러 가지, 예컨대 낙관주의, 삶의 만족, 웰빙, 동정심, 자존감, 자신감, 희망 등을 다룬다. 학습된 무기력에서 벗어나 자기행동에 대한 효능감을 느끼는 것도 긍정의 과정일 것이다. 이 책이 생활과 일터에서 자기효능감을 갖고 긍정적인 삶을 가꾸는 데 도움이 되기를 기대한다.

2022.

박창호(전북대학교 심리학과 교수)

서문

무기력이 만연한 사회란 풍요롭긴 하지만 인간적이라고 하기는 힘든 사회를 특징짓는 현상이 아닐까 한다. 일본에서도 고등학생들의 '삼무주의(三無主義, 무기력·무관심·무감동)'나 '오무주의(伍無主義, 무기력·무관심·무감동·무책임·무례)'에는 반드시 '무기력'이라는 항목이 들어 있다. 어렵게 들어간 대학에서도 지적 흥미에 목말라 탐구에 매진하는 학생을 발견하기란 극히 드문 일이다. 아니, 어른들도 엘리트 코스를 밟는 소수를 제외하고는 왠지 기력 없는 사람들이 훨씬 더 많을 것이다.

무기력이 학업이나 노동 분야에만 한정된 것이라면 그나마 낫다. 이런 경우의 무기력은 지식 주입이나 생산성 제일주의, 이를 뒷받침하는 관리의 강화에 대한 '인간적인 반항'이라고 볼 수도 있기 때문이다. 그러나 취미생활에도 좀처럼 몰두하지 못하거나 대인관계에서도 깊이가 얕아지는 등 무기력한 모습이 생활 전반에 걸쳐 침투하고 있다면 심각한 문제라고 하지 않을 수 없다.

이러한 현상의 본질을 보다 넓은 시야로 이해하기 위해서는 동기심리학에서 주목받아온 '학습된 무기력'이나 '효능감'의 개념이 도움이 되리라 생각한다. 그래서 이 개념을 둘러싼 연구 성과를 소개하고 한편으로는 사회적 현실에도 눈을 돌려 '무기력의 심리학'을 구성해보았다.

'학습된 무기력'이라는 개념은 오랫동안 심리학의 여러 분야에서 다뤄져 왔다. 이것은 인지(認知), 특히 노력의 효과를 어떻게 받아들일 것인지에 대한 방법이 의욕에 크게 영향을 미친다고 설득하는 입장이다. 다시 말해서 자신이 아무리 노력해도 그것이 현재 자신이 처한 불편(고통이나 생리적 결함 및 그에 준하는 지적 과제에서의 실패 등)을 해결하는 데 도움이 되지 않는다고 인지하면, 자신의 노력 자체를 믿지 못하게 되거나 '어차피 나는 안 돼!'라는 체념적 태도가 생겨난다는 것이다. 이 책 1장에서 3장까지는 이 개념에 관한 연구를 소개했다.

무기력의 반대 개념은 효능감이다. 즉, '노력하면 좋은 변화를 이끌어낼 수 있다'고 여겨 자신감과 예견을 가질 수 있을 뿐만 아니라 이를 근거로 자신이 처한 환경에 의욕적이고 활기차게 대처해가는 상태다. 그런데 흥미롭게도, 인간이란 특정한 무기력에 시달리지 않아도 효능감이 결여되어 있으면 일단 무기력해지고 만다. 특히 사회가 풍요로워짐에 따라 생물로서의 생존이 보장되면 이런 현상이 두드러지게 나타난다.

그럼 효능감은 어떻게 획득될까?

심리학자 중에도 자신의 노력으로 고통으로부터 도망칠 수 있었거나 열심히 노력해서 문제가 해결된 경험이 있다면 그것이 효능감 형성으로 이어진다고 생각하는 사람이 적지 않다. 그러나 인간의 경우에는 이러한 경험에 의해 지속 가능한 효능감이 형성된다고 단정할 수 없다. 즉, 유능감을 갖기 위해서는 무기력에서 벗어나는 것, 그 이상의 것들이 필요하다. 이러한 점을 중심으로 특히 자율성의 감각, 타인과의 따뜻한 교류, 숙달(熟達)과 자아 기능과의 관련 등에 관해 4장에서 6장까지 다뤘다.

아마 현대인들이 갖는 무기력의 대부분은 '학습된 무기력'보다 '효능감의 결여'에 의한 것일 것이다. 이것은 생산성 제일주의의 관리사회에서는 피하기 힘든 현상이다. '생산성을 높이는 일이 결국 모두의 행복으로 연결된다'는 기치 아래에서는 이 명제에 직접 공헌할 수 없는 기능이나 기술이 발휘될 기회가 대폭 줄어든다. 예를 들면 '관리사회'라고 불리는 일본은 사회 구석구석까지 관리 체계가 잡혀 있어 특별한 모험이나 탐색을 시도하기 힘든 구조다. 그래서 치명적인 실패를 경험할 일이 적어진 대신, 자기 나름대로 무언가를 노력해서 이루어냈다는 성취감도 결여되어 있다. 관리사회에서는 특히 '안전제일'이 중시된다. 이런 환경 속의 사람들은 '어떻게 해서든' 이루고 싶은 목표를 찾아 노력하기보다는 고통이나 결핍으로부터의 자유를 확보하는 일에 더 몰두한다. 아마도 이런 환경이 그들에게 효능감을 상실하게 하고 무기력을 갖게 한 주된 원인일 것이다.

그래서 7장에서 9장까지는 효능감을 키우기 위한 조건을 살펴보고 몇 가지 개선책을 제시했다. 나름대로 '보람의 조건'을 모색했다. 우리는 결코 생산성 향상이라는 가치 자체를 부정하려는 것은 아니다. 그러나 단기간에 최대치의 목표 달성을 위해 다른 생활을 무시하면서 관리를 강화하게 되면, 긴 안목으로 봤을 때 생산성을 높이는 일도 불가능해진다. 학교에서 지식을 얻고 지적 능력을 키우려는 시도도 마찬가지다. 눈앞의 효율만 좇다 보면 학습자는 효능감을 잃고 의욕 저하가 찾아온다. 교육의 효과가 오르지 않게 되는 것이다.

　보다 풍요로운 세상을 추구하는 사회에서 인간다움을 실현하기 위해서는 지금보다 더 풍부한 상상력과 유연한 사고력이 필요하다. 심리학적인 견해도 이러한 맥락으로 활용되어야 한다고 생각한다. 인간의 본질이 능동적이고 호기심이 풍부하며 환경과 생생하게 상호교류하면서 기능과 지식을 숙달해가는 존재라는 점과, 이러한 인간 본래의 삶의 방식이 가능하도록 하기 위해서는 학교나 사회에 나름의 변혁이 필요하다.

　마지막으로 10장에서는 무기력과 효능감에 관해 미국과 일본을 비교해보았다.

하타노 기요오 · 이나가키 가요코

차례

2부 무기력과 효능감의 메커니즘

3부 효능감을 키우기 위한 조건

1

우리는 어떻게
무기력에 빠져드나

1장

—

무기력은
어떤 상황에서
생겨날까

개도 무기력에 빠진다

아무리 열심히 노력해도 자신이 처한 힘든 상태나 상황이 좋은 방향으로 바뀌지 않을 거라고 믿고 완전히 의욕을 잃어버리는 것, 이것이 무기력이다. 어떤 상태를 '힘들다'고 인지할 것인가는 사람에 따라 다르겠지만 생존을 위협받거나 고통이 지속되는 일, 또는 생리적 요구조차 해결이 안 되는 상황들이 힘든 상태의 전형이라 할 수 있다.

그래도 '어떻게든 이 사태를 해결해야지'라고 생각하는 동안은 그나마 괜찮다. 아니, 이때는 사태가 심각해지면 나름대로 개선하기 위해 적극적으로 대응할 것이다.

그러나 자신의 노력으로는 도저히 이 상황을 바꿀 수 없다고 느껴지면 어떻게 될까. 대부분의 사람들은 적절한 행동을 취하지 못하고 정서적으로 매우 혼란스러워할 것이다.

예를 들어, 어떤 병으로 목숨이 위태로울 만큼 최악의 상태에 이르렀다면 자신이 노력한다고 해서 해결할 수 있는 방법이 있는 것도 아니다. 수행을 쌓아 깨달음을 얻은 수행자들조차도 암이라는 선고를 받는 순간 살아갈 기력을 잃고, 며칠 지나지 않아 돌아가셨다는 딱한 이야기를 듣게 되는 경우도 있다. 물론 지금의 의학 수준이라면 암이라고 해서 반드시 불치병이라고 단정할 수는 없지만 자신이 그렇게 믿는 순간부터 인간은 더 살고자 하는 의욕을 잃어버리게 된다.

또한 죽음에 이르는 정도의 고통에 이른 것이 아님에도 사람들을 종종 무기력에 빠지게 하는 경우가 있다. 고통을 받아도 그 원인이나 피할 방법에 대해 알고 있다면 그나마 낫다. 과음이나 과식에 의한 증상은 그 자체로 충분히 불쾌하지만 원인도 알고 더 나아가 그 고통을 피할 수 있는 방법도 있어 얼마든지 그 고통을 노력으로 개선할 여지가 있다. 그래서 일시적으로는 의기소침하더라도 곧바로 회복이 가능하고 긍정적으로 그 상황에 대응할 수 있게 된다. 그러나 원인불명의 고통이 자신의 행동과 상관없이 발생한다면 어떻게 될까. 한편으로는 그 고통이 언제 찾아올지 몰라 불안에 떨게 될 것이고, 또다시 고통이 찾아오면 마땅한 대응조치도 없이 그저 참고 견딜 수밖에 없을 것이다. 이런 상황이라면 누구라도 절망에 빠질 수밖에 없다.

이러한 추측을 실험을 통해 멋지게 증명한 사람이 셀리그만이다. 그는 당시 젊은 심리학자였지만 '학습된 무기력'에 관한 실험연구 덕분에 1976년에 미국심리학회로부터 '우수한 젊은 학자를 위한 상'을

　　　　　숨은 붙어 있으니 살아야겠고

받게 된다. '효능감'이라는 용어가 심리학에서 빈번히 사용되게 된 것은 대부분 셀리그만의 공이라 할 수 있다.

셀리그만과 동료들은 개를 대상으로 전기충격에 의한 조건형성 연구를 하는 도중에 반복적으로 피할 수 없는 충격을 받은 개는 이후의 다른 학습 장면에서도 극도로 무기력해져 피할 수 있는 전기충격조차도 피하려 하지 않는다는 사실을 우연히 발견했다. 그들은 이 현상을 체계적으로 연구하기 위해 학습 실험을 시작하게 된다.

그들이 했던 전형적인 실험은 다음과 같다.

첫날은 개를 무기력하게 만들기 위해 해먹 안에 묶어 놓고 수십 회에 걸쳐 전기충격을 준다. 충격은 수초 간 지속되고, 어느 정도 고통스럽긴 해도 몸에 손상을 남길 정도는 아니다. 게다가 어떤 신호도 없이, 언제 가해질지 알 수 없게 한다.

다음 날은 실험 상자 안에 개를 가둔다. 상자 안에서 다시 전기충격을 받지만 이번에는 충격에 앞서 신호(불빛이 어두워진다)가 주어지고 또한 적절한 행동을 하면 충격을 피할 수 있게 된다. 다시 말해 상자는 절반으로 나누어져 있고 그 사이에는 칸막이가 있는데 전기충격을 주면 이 칸막이를 뛰어넘어 반대편으로 도망치면 되는 것이다. 물론 개가 어느 편에 있어도 전기충격은 가해지므로 어느 장소가 절대적으로 안전하다고 할 수는 없다. 그러나 신호가 있고 나서 10초 안에 반대편으로 뛰어넘으면 전기충격은 전혀 받지 않을 수 있기 때문에 반대편으로 옮기기만 하면 바로 충격으로부터 도망칠 수 있다(개가 칸막이를 뛰어넘지 못해도 60초가 지나면 전기충격은 멈춘다). 개는 이제 해먹에 묶여 있지도 않기 때문에 움직이려고만 한다면 자유롭게 움직일 수 있다.

셀리그만은 이 실험에서 약 150마리의 개에 대한 행동을 관찰했다. 그중 약 3분의 2는 극도로 무기력해져 전기충격이 가해졌을 때 잠깐 당황한 나머지 움직임을 보이긴 했지만, 곧 모든 것을 포기하고 오로지 전기충격을 견뎌내는 무기력한 반응을 보였다. 나머지 3분의 1은 해먹에서의 전기충격을 전혀 경험해보지 않은 것처럼 완전히 정상적인 반응을 보였다. 그 개들은 처음 겪는 전기충격에 당황해서 여러 가지 행동을 시도해보았다. 그러던 중 우연히 칸막이를 뛰어넘어 반대편으로 이동하자 전기충격이 가해지지 않는다는 경험을 하게 된 것이다. 이런 경험을 하게 된 개들은 이후 반응 속도가 점점 더 빨라졌다. 실험을 50회 정도 진행하면 그 개들은 완전히 이 실험에 익숙해져서 처음부터 칸막이 근처에 서 있었다. 그리고 신호가 오면 재빨리 반대편으로 옮겨가서 전기충격을 능숙하게 피하게 됐다.

행동의 유효성이 열쇠

3분의 2에 해당하는 개가 무기력에 빠진 이유는 전기충격을 수십 회나 받았기 때문이라고 생각할 수 있다. 이 해석을 확인하기 위해 셀리그만은 다른 실험을 진행했다. 이 실험에서는 개를 세 그룹으로 나눴다. 첫 번째 그룹은 해먹 안에서 전기충격을 받기는 하지만 코로 판자를 누르면 전기충격이 멈추게 되어 있다. 따라서 몸을 움직여 전기충격을 멈추게 하는 개도 나올 수 있다. 두 번째 그룹은 첫 번째 그룹과 동일한 횟수와 동일한 시간으로 전기충격을 받는다. 하지만 이 개들은 자신의 행동으로 전기충격을 멈출 수 없게 되어 있다. 세 번째 그룹은 전혀 전기충격을 받지 않는 집단으로, 실험 조건의 효과를 비교하기 위한 통제집단이다.

앞선 실험과 같이 24시간 후에 실험 상자에 넣고 칸막이를 뛰어넘어 전기충격을 피하는 학습을 시켜보면 두 번째 그룹, 즉 자신의 행동으로 전기충격을 피할 수 없었던 경험을 한 집단에서만 성적이 떨어진다는 사실을 알 수 있었다. 첫 번째 그룹은 전혀 전기충격을 받지 않았던 통제집단의 개와 마찬가지로 정상적으로 반응했다.

코로 판자를 누르는 대신 그냥 가만히 있으면 전기충격이 멈추는 조건으로 변경해서 실험한 사람도 있지만 그 결과는 같았다. 즉, 자신의 행동 방식에 의해 전기충격 시간이 바뀐다면 그 경험이 악영향을 끼치는 일은 없다. 그러나 전기충격의 횟수와 길이가 자신의 행동과 무관하게 결정된다는 사실을 학습하게 되면 이때부터 개들은 무기력해졌다. 셀리그만은 열정적으로 실험을 거듭해서 개 말고도 쥐와 고양이에게도 마찬가지로 학습된 무기력이 생긴다는 사실을 확인했다.

여기서 주목해야 할 점이 있다. 이 무기력은 원인을 제공한 지점이 아닌, 전혀 다른 곳에까지 일반화된다는 것이다. 앞서의 실험에서도 볼 수 있듯이 해먹 안에서 피할 수 없는 전기충격을 받자, 이것은 실험 상자 안에서의 행동에까지 영향을 미쳤다. 쥐의 경우를 살펴보자.

나무에 올라가 전기충격을 피하려 했지만 결국 피할 수 없었던 경험을 한 쥐는 나중에 물속에서 헤엄쳐 탈출해야만 하는 상황에서도 잘 행동하지 못했다. 그것만이 아니다. 늘 있던 먹이가 없다는 것을 알았을 때, 보통의 쥐라면 화가 나서 뛰쳐나올 테지만, 전기충격을 받은 쥐는 그런 사태를 맞이하고도 얌전히 주어진 상황을 받아들이고 있는 것처럼 보였다는 것이다.

셀리그만은 피할 수 없는 고통과 자극에 반복적으로 노출되는 것은 세 가지 부정적 효과를 초래한다고 말했다.

첫 번째는 환경에 능동적으로 반응하려는 의욕을 저하시키고, 두 번째는 학습 능력을 저하시키고, 세 번째는 정서적으로 혼란을 야기한다. 실제로 피할 수 없는 전기충격을 당한 후 실험 상자 안에서 여러 가지 행동을 시도해본 개도 있지만, 이 경우에도 학습의 진행은 더뎠다. 또한 피할 수 없는 충격을 받게 되면 식욕이 떨어지거나 혈압이 올라가는 현상도 일어났다.

인간의 학습된 무기력

그렇다면 인간의 경우는 어떨까?

이 질문을 처음으로 진지하게 받아들인 것이 히로토(D. S. Hiroto)의 실험이다. 그는 대학생을 피험자로 하여 충격 대신 고통을 느낄 정도로 큰 소음을 들려주는 실험을 진행했다. 첫 번째 그룹의 피험자는 버튼을 누르면 바로 소음을 멈출 수 있었다. 그러나 두 번째 그룹에서는 어떻게 반응해도 자신의 노력으로는 소음을 멈출 수 없게 했다. 그들은 첫 번째 그룹의 피험자가 경험한 것과 동일한 횟수, 동일한 시간의 소음을 피할 수 없이 그저 들어야만 했다. 세 번째 그룹의 통제 집단은 이러한 소음에 노출되지 않았다.

그 뒤, 절반으로 나눈 상자 안에 손을 넣고 소음이 들릴 때 반대쪽 절반에 손을 넣어 작동하면 소음을 멈출 수 있는 장치를 사용한 테스트를 진행했다. 이런 간단한 방법에도 두 번째 그룹의(자신의 힘으로 소음을 멈추지 못했다) 피험자는 다른 동물과 마찬가지로 소음을 잘 피하지 못했다. 대부분의 피험자들은 그저 수동적으로 앉아서 불쾌한 소리를 참아내며 잠자코 듣고만 있었다.

방금 살펴본 히로토의 실험은 개와 쥐의 경우보다는 조금 더 복잡하다. 왜냐하면 그는 피험자의 절반에게 이 테스트 과제, 즉 손을 반대쪽으로 움직이면 소음을 멈출 수 있다는 과제를 잘 해내면 문제를 해결할 수 있는 '기능 테스트'라고 사전에 미리 알려주었다. 나머지 절반에게는 이 과제의 해결 방법은 상황에 따라 감(느낌)에 의해 찾을 수 있다고 말해주었다. 이 실험을 통해 히로토는 '믿을 건 오직 자신의 감각과 느낌뿐'이라는 말을 듣게 된 피험자가 어떠한 조건에서도 무기력해지기 쉽다는 사실을 알게 되었다.

게다가 그의 실험에서 피험자의 절반은 성공과 실패의 원인이 자신에게 있다고 여기는 경향이 있고, 나머지 절반은 성공이나 실패의 책임이 자신과는 상관이 없다고 여기는 경향이 있는 사람들이었다(이 경향은 미리 질문지를 통해 조사했던 사항이다). 그래서 히로토는 성공이나 실패를 자신이 통제할 수 없다고 여기는 사람, 즉 우연이나 운에 따라 결정된다고 생각하는 피험자가 무기력해지기 쉽다는 점을 발견했다.

덧붙이자면 자신의 노력으로 없앨 수 없는 소음에 노출되면 무기력에 빠지기 쉬웠다는 점은 현실에서도 발견할 수 있었다. 로스앤젤레스 국제공항 근처의 소음 지구에 있는 초등학교(여기서는 2분 30초에 한 번꼴로 비행기가 뜬다)의 3, 4학년 학생과 비소음 지구의 3, 4학년 학생들에게 퍼즐 맞추기를 제안하고 두 학생 그룹의 참을성을 비교한 연구가 있다. 이에 따르면, 소음 지구의 학생들은 조금 어려운 과제가 주어지면 곧바로 포기해버리는 경향이 있음을 극명하게 보여주었다고 한다. 제한 시간의 마지막 순간까지 문제에 매달리는 경우는 드물었다.

히로토의 다음 실험에서는 고통스러운 소음을 들려주는 대신 풀 수 없는 변별학습(둘 이상의 자극들을 서로 구별하여 반응하는 것) 문제를 주었다. 아무리 노력해도 해결할 수 없는 문제를 주고 자신의 노력으로 피할 수 없는 불쾌한 경험을 그대로 수동적으로 받아들이는 경향이 강화되는지의 여부를 살펴보려는 것이었다. 그 결과는 대체로 셀리그만의 가설을 지지하는 것으로 나타났다.

물론 주어진 문제를 해결했는지 아닌지가 피할 수 없는 고통과 마찬가지로 과연 반드시 무기력을 초래하는지에는 의문이 남아 있다. 피험자가 대학생이고 학점을 따고 싶어서 심리학 실험에 참가한 경우 (히로토의 실험처럼)라면 모를까, 그렇지 않고서는 이러한 인위적인 실패

숨은 붙어 있으니 살아야겠고

가 곧바로 무기력을 초래한다고 믿기는 어렵다.

이러한 점에 대해서는 3장에서 더 상세히 살펴보기로 한다.

예측할 수 있다면 그나마 낫다

다음으로 문제가 되는 것은 자신의 노력으로 사태를 개선할 수 없다고 해도, 어떨 때 고통이 주어지는지 예측할 수 있는가의 여부에 대한 효과다.

이러한 형태의 연구는 브래디(J. V. Brady)의 유명한 연구에 의해 촉발된 것이 많다. 브래디는 여덟 마리의 원숭이에게 전기 자극을 주었다. 그리고 막대기를 누르면 전기 자극을 피할 수 있다는 것을 학습시켰다. 그중 가장 빨리 학습한 네 마리가 소위 '중역 원숭이'가 되었다. 나머지 네 마리는 스스로의 행동으로는 전기 자극을 통제할 수 없는 조건에 할당되었다. 즉, 나머지 네 마리는 중역 원숭이들이 적절하게 행동해주지 않으면 전기충격에 노출되는 처지에 놓인다. 한편 중역 원숭이는 자신의 운명과 함께 동료 원숭이들의 운명도 책임져야 했다.

결국 이 중역 원숭이들은 네 마리 모두 위궤양이 생겨 결국 죽고 말았는데, 이에 반해 스스로 자극을 통제할 수 없었던 원숭이들은 한 마리도 위궤양에 걸리지 않았다.

이 결과는 이후 유명해져서 관리적인 일이 얼마나 몸에 해로운지에 대한 선전으로 사용되었다. 이것은 스스로 통제할 수 없는 자극의 유해성을 강조하는 셀리그만의 주장과 모순되는 것 같지만, 아무래도 이는 실험 절차의 준비가 불완전한 것에 따른 결과였다고 한다. 최근 이 결과는 막대기를 눌러 전기 자극을 피하는 방법을 빨리 학습한 네 마리의 중역 원숭이가 실은 자극에 민감한 원숭이라 그런 것이 아닌지에 대한 의견이 나오고 있다. 이처럼 성적이 좋았던 원숭이를 중역 역할로 뽑았던 실험 절차를 취하지 않고, 무작위로 뽑아 자극을 스스로의 행동으로 통제할 수 있는 조건과 통제할 수 없는 조건으로 나누면(단, 이 경우의 피험자는 쥐였다), 브래디의 결과와는 정반대로 피할 수 없는 자극에 노출된 쥐의 위궤양 발생 확률이 더 높다는 사실이 드러났다.

게다가 똑같이 자극을 피할 수 없다고 해도 자극을 주기 전에 신호를 주는 경우와 주지 않는 경우를 비교해보면, 신호가 있어서 자극이 곧 오리라는 사실을 예측할 수 있는 경우가 위궤양 발생률이 더 낮다는 것을 알 수 있었다.

웨이스(J. M. Weiss)는 그 뒤에 이어진 연구에서도 이러한 예측 가능성의 효과를 반복적으로 확인하고 있다. 스스로의 행동에 의해 고통을 피할 수 있다면 가장 바람직하지만, 그것이 불가능하다고 해도 언제 자극이 올 것인지 미리 알고 있는 편이 정신적 혼란을 줄이는 데 효과가 있다는 것이다.

무기력의 치료와 예방

무기력에 빠진 개와 쥐와 사람을 그 무기력 상태에서 빼낼 수는 없는 것일까? 임상심리학자이기도 한 셀리그만은 이 문제에도 관심을 두고 몇 가지 실험을 했다.

무기력에 빠진 개는 자극을 피하기 위한 능동적인 행동을 보이는 경우가 거의 없다. 따라서 그들이 행동에 의해 자극을 피할 수 있다는 사실을 스스로 배울 가능성은 없다. 따라서 그들에게 그 가능성을 알게 하기 위해서는 '강제적인 조치'가 필요하다. 문자 그대로 개들의 목에 목줄을 걸고 잡아당길 필요가 있는 것이다. 개들을 끌어당겨 방의 반대쪽으로 데려가야 한다. 물론 개는 칸막이를 뛰어넘지 않으니 처음에는 칸막이를 치워두지 않으면 치료가 진행되지 않는다. 그러나 25회에서 200회에 이르기까지 강제적으로 이동을 시키면 그들은 점차 스스로 반응하기 시작한다. 이 단계에서 실험자는 다시 칸막이를 도입해서 점점 그 높이를 올린다. 즉, 개가 그 칸막이를 가볍게 뛰어넘을 수 있을 정도로 만들어 둔다.

이러한 경험을 하게 하면 개는(쥐도 마찬가지다) 무기력에서 완전히 회복될 수 있었다. 실험자 입장에서는 처음에 개를 움직이게 하는 일이 무척 힘들다. 그중에는 반대편으로 이동시키는 데 저항하는 개도 있기 때문이다. 그러나 차츰 수월해지게 된다. 일종의 지시적 치료법이라고 할 수 있다. 즉, 개에게 일정한 도움을 제공하고 능동적으로 행동하는 것의 의미를 깨닫게 하기 때문이다.

셀리그만은 치료법만이 아니라 예방법도 시도해보았다. 해먹에 갇혀 피할 수 없는 충격을 당하기 전날, 10회 정도만 실험 상자에 갇히게 하고 거기서 자기 힘으로 충격을 피할 수 있다는 사실을 학습한 개의 경우에는 피할 수 없는 충격으로 인한 악영향은 없었다. 더구나 그 후의 연구에서는 해먹에 갇혔을 때 판자를 코로 눌러서 충격을 피할 수 있었던 경험을 한 후, 이번에는 똑같은 해먹 안에서 회피 불가능한 충격을 경험한 경우에도 역시 트라우마가 남지 않았음을 알 수 있었다.

그렇다면 도대체 어느 정도의 면역이 주어져야 자신의 힘으로는 어찌 해볼 수 없는 고통 자극에 반복적으로 노출되어도 무기력에 빠지지 않고 버틸 수 있을까? 이것은 대단히 흥미로운 문제이자 앞으로 밝혀져야 할 과제로 남았다.

알고는 있지만 할 수 없을 때

동물의 경우에는 어떤 행동이 그럴 때 유효한지 아닌지, 바람직한 결과를 가져올지 아닐지를 직접 행동해보고 나서야 알 수 있는 것이 일반적이다. 이렇게 하고 싶은데, 이렇게 행동하면 좋다는 것을 알고 있지만 이를 실행할 수가 없어 고민하는 경우는 없다. 그러나 사람의 경우는 분명히 다르다.

사람은 어떻게 행동하는 것이 좋을지 알고 있지만 그렇게 할 수 없는 경우가 종종 발생한다. 반대로, 해서는 안 된다는 것을 알고 있어도 도저히 멈출 수 없는 경우도 적지 않다. 언제나 많은 사람이 금연을 결심하지만 이를 지키기란 얼마나 어려운 것인지 우리는 잘 알고 있다. 마찬가지로 '내일은 오늘보다 더 밝게 행동해야지' 혹은 '주변 사람들과 더 적극적으로 잘 지내야지' 하고 결심하지만 그대로 되지 않는 경우가 있다. 그래서 더 자신감을 잃고 때로는 자기혐오에 빠지기도 한다. 어떻게 해야 좋을지 알고 있지만 행동이 안 되는 자신이 싫고, 자신을 '쓸모없는 인간'이라고 느끼게 된다면 일종의 무기력에 빠진 것이다.

사회적 학습과 심리치료 분야에서 뛰어난 업적을 남긴 반두라(Albert Bandura)는 이 점에 주목하고 다음과 같이 이야기했다. 심리치료는 매우 다양한 기법을 활용하고 있는데, 효과가 좋으면 무기력을 떨어뜨리고 자신이 유능하다는 느낌을 키우는 데 도움이 된다. 그러나 사람의 경우에는 특히 심리치료에서 문제가 되는 무기력이 자신의 행동이 바람직한 결과를 유발할지 아닐지 하는 점보다, 오히려 자신이 적당하다고 믿는 행동을 할 수 있을지 없을지에 관련된 것일 때가 많다고 한다.

직장 상사도 부하에게 잔소리를 쏟아내면 아랫사람들이 잘 따르지 않는다는 사실 정도는 잘 알고 있다. 스스로도 그런 잔소리는 효과가 없다고 생각한다. 그런데도 막상 그런 상황에 닥치게 되면 자기도 모르게 맹렬히 잔소리가 튀어 나온다고 호소하는 관리직 임원들이 적지 않다. 많은 사람이 이와 비슷한 일을 숱하게 경험해보았을 것이다.

이들에게는 아무리 '당신은 잘 할 수 있다'고 말해봤자, 효과가 미미할 수밖에 없다. 이것은 무기력에 빠져 스스로 시도해보려고 하지 않는 개와 마찬가지로 스스로 '내가 할 수 있을 리가 없어!'라고 굳게 믿고 있기 때문이다.

이런 사람들이 더 능동적으로 자신이 처한 상황에 대응하고 자기 행동을 보다 적절하게 바꿔나가게 하기 위해서는 먼저 자신이 잘했던 경험, 성공적인 경험을 갖는 것이 무엇보다 중요하다. 이러한 경험을 구체적인 장면에서 경험하게 하는 것이야말로 무기력 치료의 첫걸음이 되는 것이다.

예를 들면, 반두라의 보고서 중에 뱀에 대해 이상할 정도의 공포심을 보이는 성인을 치료한 내용이 있다. 쥐, 송충이, 바퀴벌레 등은 누구나 싫어하는 동물이지만 그 정도로는 치료를 필요로 하거나 무기력에 빠지지는 않는다. 그러나 그중에는 이것들이 주는 공포 때문에 정서적인 혼란과 행동까지 동반되는 경우도 있었다(뱀이 나올지도 모른다는 생각에 특정 장소에는 가지 못하는 등). 반두라가 대상으로 한 사람은 뱀에 대한 심한 공포를 호소하는 어른이었다.

그는 갖가지 격려를 통해 스스로 직접 뱀을 만져보게 한 경우, 그리고 모델이 된 사람이 뱀을 만져보는 경우, 마지막으로 아무것도 하지 않는 경우의 세 가지 조건으로 실험해본 후 경험 직후의 언어보고와 실제로 뱀을 만져봤을 때의 반응을 비교했다. 예상대로 여기에서 가장 효과적이었던 것은 직접 뱀을 만질 수 있게 되었을 때의 경험이었다.

물론 같은 공간에 뱀과 같이 있는 것만으로도 죽을 만큼 싫은 사람이 뱀을 만지고 또는 반대로 뱀이 자기 몸을 기어오르는 것을 참는 데에는 그 나름의 격려가 필요하다. 그러나 이것을 해낼 수 있다면 그 장면과 연관된 자신의 유능함에 자신을 갖게 되고 더 나아가 보다 능동적으로 여러 가지 가능성을 추구할 수 있게 된다.

2장

유아의
무기력과
효능감에
대하여

유아가 우는 것의 의미

생후 2개월 된 아기가 침대에 누워 자고 있다. 갑자기 아기가 눈을 뜨더니 울어대기 시작하지만 누구도 아이의 울음소리를 알아채고 다가오는 기척이 없다. 이번에는 더 큰 소리로 울기 시작한다. 그러나 여전히 아무도 다가오지 않는다. 그러면 아기는 더 큰 소리로 운다. 그럼에도 주위에는 아무런 변화도 없다. 이렇게 몇 분간 계속 울어대도 결국 아무도 아이 곁으로 와주는 이가 없으면, 아이의 울음소리는 점점 작아지고 결국 다시 잠들고 만다.

이러한 광경에 대해 독자들은 어떻게 생각할까?
'이건 너무 잔인해! 이런 일이 계속 반복되면 분명히 아이의 발달에 중대한 악영향이 있을 거야'라고 생각할까?

혹은 '그렇지 않아. 아이들은 우는 게 일이거든. 그렇게 울면서 운동하고 있는 거라고. 좀 울게 놔둬도 크게 걱정할 일은 아냐'라고 생각할까?

심리학적 의견에서 말하자면 첫 번째 견해가 사실에 가장 가깝다고 할 수 있다. 이미 1장에서 생존이 걸린 불쾌한 자극을 자신의 노력(움직임)으로 해결하지 못한 경험을 반복하게 되면 무기력에 빠지게 된다는 사실을 알게 되었다. 기저귀가 축축하다, 배가 고프다, 옷이 너무 작아 몸을 조인다… 등등의 상황은 생후 2개월 된 유아에게는 상당히 근본적인 불쾌감을 느끼게 한다. 이런 감정을 해소하는 데 아이가 할 수 있는 유일한 행위는 바로 우는 것이다. 울면 누군가가 바로 달려와 그의 불쾌함을 당장 제거해주는 것이 보통이다. 그러나 이러한 시도를 몇 번이나 반복해도, 그리고 어떠한 방식을 취해도 전부 헛수고로 끝난다면 어떻게 될까? 앞 장에서 살펴본 것처럼 피할 수 없는 전기충격을 받은 개와 마찬가지 상태가 되진 않을까?

'내가 아무리 시도해봤자 이런 환경이 바뀔 수는 없어', '어차피 뭘 해도 나는 안 돼'라고 무기력에 빠져들 위험성이 있다. 물론 한두 번의 경험으로 아이가 무기력에 빠지는 것은 아니다. 어디까지나 이런 경험을 수없이 반복한 경우에만 해당한다. 따라서 때때로 계속 운 적이 있다고 해도 전체적으로 아이 울음에 응한 횟수가 충분하다면 문제될 것은 없다.

지금까지는 아이가 울었을 때 반응해주는 것에 대해 그리 큰 의의를 부여해오지 않았다. 그러나 유아심리학자인 루이스(M. Lewis)*는 이 반응이 가진 심리학적 측면에 대한 영향을 강조한다. 그는 셀리그만이 동물실험에서 도출한 '학습된 무기력'의 사고방식을 인간 아이에게도 적용하고, 이에 따라 유아의 울음에 대한 대응에 중요한 발달적 의의를 인정하고 있다.

시설 아동의 무기력

아이가 울 때, 주변에서 아무런 반응을 보이지 않으면 점차 무기력에 빠져든다는 관점에서 보면 분명히 수긍이 가는 현상이 많다.

가령, 시설(고아원이나 양로원처럼 사람들이 수용되어 돌봄을 받는 기관)에서 자란 아이는 가정에서 자란 아이에 비해 스스로 처해진 환경에서 능동적인 행동을 하려는 의욕이 부족하다. 어느 보고에 따르면 시설의 아이와 가정에서 자란 아이를 비교했을 때, 자연적인 발달 속도에서는 거의 차이가 없었다. 크게 차이가 나는 것은 시설 아동은 자신이 가지고 있는 지능이나 능력을 사용하려는 의욕이 낮다는 점이었다고 한다. 예를 들어, 시설 아동은 가정에서 자란 아이와 거의 같은 시기에 일어설 수 있었다. 그러나 그 아이들은 서고 싶고, 걷고 싶다는 바람을 조금도 드러내지 않았다.

가정에서 자란 아이들은 대부분 울면 엄마가 곁으로 다가와 곧바로 불쾌함을 해소해준다. 그에 비해, 시설 아동은 그런 환경에 있지 않다. 돌봐줄 어른들은 일손이 부족하니 아무래도 우는 아이에게 바로 달려가지 못하고 대응 타이밍이 어긋나는 경우가 많다. 바로 이런 점에서 차이가 있다. 시설 아동에게 이러한 의욕 저하는 차츰 발달지체를 초래할 수 있다.

호스피탈리즘(hospitalism, 시설병)이라는 현상이 있다. 특히 일손 부족이 두드러진 시설의 아이들에게 나타나는 현저한 발달지체와 무기력·무감동의 상태를 말한다. 이것은 실로 자신의 활동이 환경의 불편을 제거하는 것에 아무런 관계가 없다는 경험에서 오는 무기력에 대한 적절한 예가 아닐까. 이런 시설 아동들은 좀처럼 아이다운 생생한 호기심이나 관심을 보이는 일이 없다. 익숙한 방 한구석에서 단순한 행동을 되풀이할 뿐이다. 무표정한 얼굴의 아이를 향해 웃어보아도 아무런 반응이 없는 경우가 상당히 많다.

이러한 시설 아동은 사망률이 비정상적으로 높다는 점도 큰 특징이다. 호스피탈리즘이라는 현상이 출현하게 된 계기 역시 시설에 수용된 아이들의 사망률이 이상할 정도로 높다는 점을 발견했기 때문이다. 시설 아동은 감기로 시작해 폐렴으로 악화되어 사망하는 경우가 많았기에 처음에는 감기에 대한 여러 예방조치가 취해졌다. 그러나 사태는 도무지 개선되지 않았다. 그런 이유로 호스피탈리즘의 원인을 규명하는 연구가 활성화되었다고 한다.

그러나 호스피탈리즘이라는 현상의 핵심은 '학습된 무기력'이라는 점을 떠올려보면, 높은 사망률도 쉽게 해명이 된다. 앞서 소개된 '무기력' 연구의 창시자인 셀리그만에 따르면 쥐 같은 동물도, 그리고 인간도 무기력에 빠져들면 사소한 병으로 어이없이 사망에 이르는 경우가

숨은 붙어 있으니 살아야겠고

종종 발견된다고 한다. 그는 이러한 돌연사를 무기력의 징후 중 하나로 꼽고 있을 정도다.

시설에 수용된 시기가 어리면 어릴수록 호스피탈리즘은 더욱 분명해진다. 게다가 나중에 고치기도 어렵다. 이러한 보고는 인생 초기의 적절한 타이밍에 보호자가 적절한 조치를 취해주지 않으면 얼마나 쉽게 무기력이 형성되는지를 잘 보여준다. 우리는 일반적으로 아이가 우는 행위를 통해 자신의 고통이나 결핍을 제거해달라고 호소한다는 사실을 잊어서는 안 된다.

문제는 '그냥 울게 놔두면 조용해진다'라는 인식

여기서 다시 처음 사례로 돌아가보자.

독자는 이미 우는 아이를 그대로 방치하면 점차 울음을 그치고 '조용해진다'는 것이 실은 중대한 문제를 드러내는 표시임을 알아차렸을 것이다. 이것은 참을성이 많거나 의젓해서 그런 게 아니다. 무기력에서 오는 '포기'의 징후다. '울어도 그냥 내버려 두었더니 요즘엔 잘 안 울게 되었다', 바로 이런 상태에서 문제를 일으키는 경우가 많다. 이런 경우, 새로운 시도에 대한 의욕은 현저히 떨어져 있기 쉽다.

로버트슨(J. Robertson)은 치료를 하기 위해 병원에 입원시킨 아이가 안정되는 과정을 관찰한 후, 같은 경고를 하고 있다.

아이의 눈물을 '고통'으로 받아들이고, 울지 않는 상태를 '만족'으로 받아들이게 되면 아이의 중대한 고통을 간과하기 쉽다.

로버트슨에 의하면 입원을 위해 아이가 엄마로부터 떨어졌을 때, '안정'에 이르기까지의 과정은 다음의 세 단계가 있다고 한다.

첫 번째는 '항의' 단계다. 지금까지의 경험을 통해 아이는 소리 내어 울면 반드시 엄마가 와줄 거라고 기대한다. 특히 병원이라는 낯선 환경 속에서 불안에 떠는 아이는 더욱 더 큰 소리로 운다. 엄마가 다시 자기 곁으로 다가와 줄 것을 굳게 바라고 있다. 그렇지만 이러한 노력이 헛수고가 되면 서서히 두 번째 단계인 '절망'의 단계가 찾아온다. 이 단계에 이르면 아이는 활기가 없어지고 소극적이 되며 무감동의 상태가 된다. 우는 방법도 단순해진다. 이 시기는 조용해지는 단계로, 겉보기에는 아이가 안정적으로 보인다. 그리고 마지막이 바로 '부인'의 단계다. 이때는 오히려 환경에 많은 관심을 보이고 누구와도 기분 좋게 대하기 때문에, 얼핏 보기에는 즐거워 보이기까지 한다. 면회 온 엄마가 돌아가도, 더 이상 울지 않게 되는 것도 바로 이 시기다. 그러나 로버트슨의 관찰에 따르면, 얼핏 보기에 '안정적인' 이 아이들은 퇴원 후 가정으로 돌아가면 큰 행동 장애나 정서적 혼란 증세를 보이는 경우가 대단히 많다고 한다. 예를 들면, 다시 갓난아이로 돌아가 지금까지 잘하던 배설 훈련에 실패하거나 사소한 일에도 툭하면 울음을 터트리는 식이다.

이러한 현상은 무엇을 의미할까? 아마 병원에서 가정으로 장면 변

숨은 붙어 있으니 살아야겠고

화가 생겼을 때, 아이는 다시 자신의 활약상에 대한 반응을 확인해 보고 싶었던 것은 아닐까. 배설훈련이 안 되고 아이처럼 수저로 먹여달라고 요구함으로써 엄마를 힘들게 하는 행동은 자신의 행동에 대한 반응을 확인할 수 있는 손쉬운 방법이기 때문이다.

아이들이 그러한 자신의 행동 이유에 대해 설명할 수 있다면 아마도 이렇게 답하지 않았을까.

병원에서는 불편한 것을 해결할 수 없었고(울어도 엄마가 오지 않았다), 나는 무력했지. 집에서는 그렇지 않을 거야. 그래도 좀 더 안심해도 좋을지, 난처한 상황에 처했을 때 환경을 바꿀 수 있는 힘이 나에게 있는지 확인해보자.

무기력 방지의 발달적 의의

인생의 초반기에 자신이 울면 곧바로 주위의 반응이 있는 경험, 또는 좀 더 일반적으로 자신이 어떤 행동을 했을 때, 그 결과로 불쾌함이 제거되는 성공적인 경험은 이후의 발달 과정에서 어떤 효과를 불러올까?

벨과 에인즈워즈(S. M. Bell & M. D. S. Ainsworth), 두 연구자의 보고에서 이러한 경우를 소개하고 있다. 발달 초기의 유아가 울 때 엄마가 곧바로 반응을 하는 편이 오히려 나중에 우는 경우가 줄어들고, 그 대신 자신의 감정이나 바람을 전달할 때 우는 것과는 다른 여러 수단을 발달시키는 경우가 많다는 것이다.

이 연구에서는 26쌍의 모자가 대상이었다. 연구자들은 생후 3주부터 1년까지, 3주에 한 번씩 각 가정을 방문해서 아이와 엄마의 대화, 그리고 아이의 모습을 꼼꼼히 관찰했다.

그 결과, 발달 초기에 아이가 울면 엄마가 바로 달려와 문제를 해결해줄수록 그 뒤(생후 1년의 후반기) 아이가 우는 시간은 줄어든다는 사실을 알 수 있었다. 이때 아이가 울면 엄마가 반응을 보이는 경우, 1년의 후반기(생후 10~12개월)에는 우는 방법 말고도 다른 전달 방법을 발달시키는 일이 많았다. 즉, 우는 행위 대신 여러 가지 변화에 풍부한 표정이나 몸짓, 발성 등 새로운 전달 수단을 이용하는 경우가 많았던 것이다.

울면 엄마가 달려와서 불쾌함을 제거해준다, 이것은 유아들에게도 '불편함을 표시하면 누군가 반드시 나를 도우러 온다'는 안심과 '내가 환경(이런 경우는 엄마)에 직접적인 영향을 미칠 수 있다'는, 무기력과는 정반대의 자신감을 갖게 해준다. 이런 느낌은 무턱대고 우는 행위를 줄여준다. 환경에 영향을 끼칠 수 있는지 어떤지 더 이상 자신의 힘을 시험해보지 않아도 되는 것이다. 자신감을 바탕으로 새로운 기능을 사용해보고 싶은 의욕도 생긴다. 이러한 자신감과 의욕이 '운다'는 행위와는 다른 새로운 전달 수단을 발달시키게 되는 근거라고 할 수 있다.

실제로 아이가 불쾌함을 표현했을 때, 엄마가 바로 그에 반응해주는 쪽이 그렇지 않은 경우보다 아이가 의욕적임을 나타내는 증거가

숨은 붙어 있으니 살아야겠고

있다. 그것도 부모가 반응해주는 아이가 나중에 지적 능력에서도 발달이 촉진되었음을 시사하고 있다.

야로우(L. J. Yarrow)는 생후 5~6개월의 유아와 엄마 41쌍을 조사 대상으로 하여 각각의 가정에서 엄마가 유아에게 어떻게 말을 거는지, 어떻게 대응하는지를 자세히 관찰했다. 그리고 이 시기의 유아 발달과 그 이후의 발달과의 관계를 조사했다.

여기서 도출된 결과 중 흥미로운 것은 아이가 불쾌함을 표시했을 때, 엄마가 바로 대응해준 경우가 많은 아이는 운동적인 측면과 의욕적인 측면 등에서 발달이 더 뛰어났다는 점이다. 특히 자신이 원한 것을 얻으려고 끈기 있게 노력하는 행동 경향이 더욱 발달해 있었다. 또한 생후 36개월이 되었을 때의 측정 결과에서는 지적 발달 수준도 이 아이들이 더 높았다. 생후 반년 이내의 아이들의 경우도 불쾌함에 대한 의사 표시에 대해 적절한 시간 내에 대응해주는 것이 나중에 일반적인 발달 사항을 촉구하는 효과가 있다고 할 수 있을 것이다.

발달 초기에 '나는 내 주변 환경에 영향을 줄 수 있다'는 경험을 함으로써 한 가지 더 주목할 만한 효과가 나타난다. 그것은 어른이 되어 어떤 실패를 해도 쉽사리 무력증에 빠져들지 않는다는 점이다. 우리가 긴 인생을 살아가는 동안, 기대만큼 좋은 결과가 나오지 않아 실패를 경험하는 경우는 수없이 많을 것이다. 그럴 때, 실패 앞에 무릎 꿇는 경우가 적어진다는 것이다. 이것은 셀리그만의 쥐를 피험체로 한 실험에서도 확인할 수 있다.

이 실험은 1장에서 이미 살펴본 것과 비슷하지만, 젖을 막 뗀 시기라는 점이 특징이다. 젖을 막 뗀 어린 쥐가 다음의 세 가지 조건 중한 조건에서 '유소년기 체험'을 경험한다. 첫 번째 집단은 판자 위로 뛰어올라 전기충격을 멈추게 할 수 있다. 두 번째 집단은 어떻게 해도 충격을 멈출 수 없다. 그리고 마지막 세 번째 그룹은 아무런 충격도 받지 않는 통제집단이다. 하루에 60시행(試行, 시행은 실험에서 어떤 조건을 적용하는 순간부터 해당 결과를 측정하여 종료하는 순간까지의 일련의 단계들을 말한다─감수자)을 4일에 걸쳐, 이러한 '유소년기 체험'을 실험했다.

이후 이 쥐들이 성장했을 때, 모든 집단의 쥐들에게 80시행에 걸쳐 멈추는 게 불가능한 전기충격을 주었다. 다음 날, 이번에는 막대를 누르면 전기충격을 받지 않을 수 있는 장치의 근처에 세 무리의 쥐를 놓아두었다. 여기서는 세 무리의 쥐들이 어떤 차이를 보이는지를 실험했다. 또한 참고로 유소년기에도, 성장한 뒤에도 전기충격을 전혀 받지 않은 쥐들도 이 실험을 받게 했다.

결과는 어땠을까? 첫 번째 집단에서는 막대를 누르는 반응이 다른 두 집단에 비해 분명히 두드러졌다. 이 집단의 쥐들은 모두 전기충격을 멈추게 하는 데 필요한 반응을 학습할 수 있었던 것이다. 그들은 유소년기에도, 성장한 후에도 전기충격을 받지 않았던 그룹과 비슷하게 뛰어난 성적을 보여줬다. 그런데 두 번째 그룹, 즉 유소년기와 성장한 이후에 자신의 노력으로 전기충격을 멈출 수 없었던 그룹과 세 번째 그룹, 즉 성장한 이후에 이 실험으로 통해 처음으로 전기충격을 경험한 그룹에서는 테스트할 때 전기충격을 멈추게 하는 반응을 찾아보려는 의욕이 결여되어 있었다. 다시 말해서, 유소년기에 자신의

숨은 붙어 있으니 살아야겠고

활동에 의해 충격을 멈출 수 있었다는 경험을 갖게 되면 성장하고 나서 자신의 노력이 결실을 잘 맺지 못하게 되어도 쉽게 좌절하지 않는다는 것이다.

자신의 힘으로 통제할 수 있다는 즐거운 경험

지금까지 살펴본 것처럼 유소년기에 자신의 힘으로 고통이나 불편이 해소되는 경험을 갖는 것은 훗날 발달에 바람직한 영향을 미친다는 것은 분명하다. 그럼 이제부터 아이가 울 때 바로 대응해주기만 한다면 무기력에 빠지는 것을 막을 뿐만 아니라, '흥미진진'한 것을 찾거나 만들 수 있다고 믿는 유아 나름의 효능감(환경에 능동적이고 지속적으로 대응하려는 경향) 형성에도 영향을 준다고 할 수 있을 것이다. 루이스는 명백하게 이 질문에도 긍정적으로 답하고 있다. 아이가 울 때 바로바로 대응해주는 경험을 통해 '나는 환경에 바람직한 변화를 불러 올 수 있다'고 하는 일반화된 기대가 형성된다. 이 기대가 효능감으로 이끈다고 주장한다.

그렇지만 효능감을 형성하는 데는 불쾌감을 나타내는 울음소리에 응답해주는 것이 필요조건임에는 분명하지만 충분하다고는 할 수 없다. 아이가 웃으면 엄마도 웃어준다. 소리를 내면 같이 소리를 내서 응답해준다. 아이가 눈을 맞추면 엄마도 확실하게 아이 시선을 받아준다. 이렇게 유쾌한 의사표시에 대한 응답이야말로 효능감을 형성하는 데 필요한 것이 아닐까.

또 한 가지 중요한 점이 있다. 그것은 물리적(응답성)인 환경을 자신의 힘으로 통제할 수 있는 경험이다. 이는 말하자면 물리적 경험은 아이들에게 큰 즐거움을 가져다준다.

심리학자인 브론슨(G. W. Bronson)의 보고서에서는 생후 12개월 된 여자아이에게서 이런 행동이 발견된다. 이 아이는 낮은 탁자 옆에서 놀고 있었는데 우연히 기묘한 소리를 들었다. 탁자 위를 무심코 두들겼을 때, 이어서 덜그럭거리는 소리가 들렸다. 잘 안 닫힌 커피포트의 뚜껑이 흔들려서 소리를 냈던 것이다. 그러나 이 사실을 알 리가 없는 아이는 소리의 원인을 찾으려고 여러 가지 시도를 해보았다. 그러던 중 커피포트의 뚜껑이 원인인 것 같다는 것을 문득 깨달았다. 여기에서 먼저 탁자의 맞은편으로 가서 커피포트의 뚜껑을 들어 올리고 덜그럭덜그럭 소리를 내보았다. 이어서 원래 장소로 돌아와 탁자를 탕탕 두드렸다. 예상대로 포트 뚜껑이 덜그럭덜그럭 소리를 내자, 이때 느끼는 아이의 기쁨은 대단한 것이었다. 깔깔거리며 만면에 웃음을 띠고 옆에 있는 엄마를 돌아보았다.

이 장면에서는 좀 과장되게 말하자면 '내가 세계를 이해했어!', '바라던 것을 드디어 이뤘어!'라는 즐거움이 잘 드러나 있다. 효능감 형성에는 이러한 체험이 반드시 필요하다.

물리적 환경에 대해 자신이 영향을 줄 수 있다는 것은 발달 단계 초기에도 기분 좋은 체험인 듯하다. 왓슨(J. S. Watson)은 생후 2개월 된 유아도 이러한 체험을 적극적으로 원한다는 사실을 발견했다.

각 가정에 특별히 제작한 침대를 빌려주고 2주간 매일 20분씩 이 침대에 유아를 재우도록 했다. 이 침대는 반듯이 누운 아이의 시선에 맞추어 모빌이 매달려 있었다. 그리고 특수한 베개를 사용해 머리의 움직임이 기록되도록 제작되었다.

이 침대에는 세 가지 종류가 있다. 첫 번째는 베개 위에서 머리를 움직이면 이에 따라 모빌이 회전하도록 되어 있었다. 두 번째는 유아의 머리 움직임과는 상관없이 3~4초 만에 한 번씩 자동적으로 모빌이 회전하는 것이었다. 세 번째 침대의 모빌은 고정되어 움직이지 않았다. 이러한 세 가지 침대에 각각 아이를 눕혔을 때, 어떤 반응을 보이는지 알아보는 실험이었다.

이 실험에 따르면 첫 번째 침대에 누워 있던 아이는 시간이 흐를수록 머리 움직임이 활발해졌다. 그런데 두 번째와 세 번째 침대에 있던 아이들은 이러한 변화를 발견할 수 없었다. 게다가 첫 번째 침대의 아이는 이 침대에 누워 있는 것이 무척 즐거워 보였다. 곁에서 지켜보고 있던 엄마의 보고에 따르면 아이가 이 침대에서 자고 3~4일이 지난 후에는 눈에 띄게 기쁜 듯이 웃거나 소리를 냈다고 한다. 이 실험은 자기가 머리를 움직이면 모빌을 움직이게 할 수 있다는 사실이 즐거운 체험이었음을 잘 나타내주고 있다.

심리학적 견해에 따르면 인간은 원래 자신의 행동으로 주변 환경에 영향을 미치고 싶어 하며 환경을 이해하고 통제하고 싶은 욕구를 지닌 채 끊임없이 환경과 상호작용하는 존재라고 한다. 환경과 상호작용하는 과정에서 이러한 욕구가 충족되었을 때, 인간은 무척이나 쾌적한 경험을 하게 된다. 이러한 주장을 처음으로 한 사람은 로버트 화이트(R. W. White)*로 많은 발달심리학자들에게 지지를 받고 있다.

일반화된 기대가 효능감 획득으로

자신의 행동으로 환경이 흥미롭게 변화했다. 자신의 행동이 자신이 목적했던 환경의 변화를 이끌어냈다. 이러한 체험은 더욱 환경의 변화를 추구하게 되는 동기가 된다. 그리고 이러한 체험이 쌓이면 그 경험이 일반화되어 '나는 내가 처한 환경을 재미있고 즐겁게 바꿀 수 있다'고 믿는 자신감과 의욕적인 태도, 즉 효능감을 획득하게 되는 것이다.

사실 물리적인 환경에서 응답적 경험이 '나는 환경을 통제할 수 있다', '내가 행동하면 뭔가 재미있는 일이 생길 것이다'라는 일반화된 기대를 갖게 한다는 것은 몇 가지 실험으로 확인할 수 있었다. 자세하게 말하자면 어느 환경에서 했었던 경험을 일반화하면 그 경험으로 다른 장면에서도 흥미로운 환경 변화를 이끌어내려고 하는 반응이 생기기 쉽다는 것이다.

이에 관련된 것은 생후 평균 9개월이 된 유아를 대상으로 한 레이미(C. G. Ramey)의 실험을 예로 들 수 있다.

먼저 이 유아들에게 자발적으로 판자를 누르는 반응이 얼마나 생길 것인지 조사해둔다. 이후, 두 집단으로 나누어 한쪽 아이들에게는

숨은 붙어 있으니 살아야겠고

왼쪽 손목에 특별히 제작한 팔찌를 하게 했다. 이 팔찌는 영사기의 스위치에 연결되어 있어서 팔을 움직이면(잡아당기면) 이에 응답해 여성의 얼굴이 2초간 슬라이드에서 나오고 음악이 흐르게 했다. 이처럼 '응답하는' 장치로 하루에 8분간, 4일에 걸쳐 아이들을 놀게 했다. 또 다른 집단의 아이들에게는 '응답하지 않는' 장치로 같은 기간 동안 놀게 했다. 결국 이 아이들은 팔을 움직이는 것과 상관없이 일정한 간격으로 슬라이드와 음악이 나오는 경험을 한 것이다. 그 후 양쪽의 아이들에게 새로운 장치, 즉 판자를 누르면 여러 빛깔이 비추어지는 놀이를 하게 했다. '응답하는' 장치로 놀아본 경험이 있는 아이들은 머지않아 그 빛을 비추는 장치를 '학습'했다. '응답하는' 장치로 놀기 전과 비교해봤을 때, 명백하게 판자를 누르는 반응이 늘어났다. 그런데 '응답하지 않는' 장치로 논 아이들은 판자를 누르는 반응의 횟수가 늘지 않았다.

앞서 기술한 모빌을 사용한 왓슨의 후속 실험에서도 똑같은 결과가 인정되었다. 가정에서 자신의 활동에 응답해 모빌이 움직이는 경험을 한 아이들은 모빌이 자신의 활동과 무관하게 움직이는 아이들에 비해, 다른 날 대학 실험실에서 새로운 모빌에 접했을 때도 모빌을 움직이려고 시도하는 경우가 많았다.

이 두 가지 결과는 물리적인 환경에서 응답적 경험을 통해 효능감이 형성된다는 것을 잘 보여주고 있다. 아마도 아이들의 즐거운 사회적 응답성도 마찬가지의 효과가 있음이 틀림없다.

우리는 이렇게 형성된 효능감이 자신이 가진 모든 능력을 새로운

장면에서 적극적으로 발휘하도록 촉구하고 지적 능력의 발달을 촉진
시킨다는 것을 충분히 예상할 수 있다.

숨은 붙어 있으니 살아야겠고

3장

실패가
만들어내는
무기력

성공과 실패의 원인은 무엇인가

여기에서 한 번 더 1장의 주장에 근거하여 어린이나 성인에게 무기력을 맛보게 하는 경험에 대해 생각해보자. 어린이나 성인은 유아와 달리 건강한 상태에서라면 자신의 힘으로 해결하지 못할 생리적 결핍이나 고통에 시달릴 경우는 적다. 그렇다고 해서 그들이 무기력에 빠지지 않는다는 것은 아니다. 그들에게 있어 '자신이 추구했거나 또는 주어진 목표를 달성하지 못한 실패'의 연속이, 특히 그 과제가 중요할수록 피할 수 없는 결핍이나 고통에 준하는 결과를 초래하는 것 같다. 이러한 가정은 1장에서 소개한 히로토의 실험에서도 지지를 받고 있다.

물론 실패의 연속인 와중에도 어떻게든 해결책이 있다고 믿으면 무기력에 빠지지 않는다. 즉, 실패 그 자체보다 그 실패를 무엇의 탓으로 돌리느냐가 더욱 결정적인 요인이다.

좀 더 일반적으로 설명하자면 어린이와 성인은 어떤 것에 대해 '왜?'라는 질문을 통해서 사물의 원인을 규명하려고 한다. 그렇게 함으로써 다음 행동에 적용하려는 것이다.

특히 자신의 바람이 원활하게 실현되지 못했거나 예상치 못한 일을 겪게 될 때면 '왜?', '어째서?'라는 질문이 튀어나오게 된다. '나는 왜 수학 시험에서 좋은 점수를 못 받았을까?', '지난번 데이트 때 그는 왜 그렇게 기분이 안 좋았을까?' … 등등. 그런데 시험에서 좋은 점수를 못 받은 것은 '내 능력이 부족해서 그래', '난 머리가 나빠서 그래'라고 생각하면 '더 이상 공부해봤자 아무 소용없어'라는 자포자기 심정이 되고 만다. 그러나 '그래, 이번엔 내 노력이 부족했기 때문이야'라고 생각하면 다음번에는 더 열심히 공부하기 위해 노력하고 있을지도 모른다. 데이트 때 그의 기분이 나빴던 것은 '내가 매력이 없나 봐'라고 생각하면 미래가 보이지 않지만 '그가 어쩌다 기분이 나빴을 뿐이야'라고 생각하면 다음에는 충분히 희망을 가질 수 있다.

이렇게 어떤 활동으로 같은 결과가 나와도 그 원인을 어디에서 찾느냐에 따라 이후의 행동 패턴이나 의욕은 바뀌게 된다. 이러한 경향을 처음으로 이론화했던 사람이 와이너(B. Weiner)*라는 미국의 사회심리학자다.

그에 따르면 성공이나 실패에 대한 여러 원인은 다음의 세 가지 차원으로 나눠볼 수 있다. 첫 번째는 '원인의 소재(locus of causality)'다

숨은 붙어 있으니 살아야겠고

(지은이는 일본어로 '초점의 차원'으로 번역했다. 우리말로는 '내외인과성', '원인의 소재' 등 여러 가지 표현이 있지만 여기서는 '원인의 소재'로 옮겼다—옮긴이). 원인이 자신의 내부에 있는지, 외부에 있는지가 관건이다. 능력이나 노력, 기분, 건강 상태 등은 모두 내부에 있는 원인이라고 할 수 있다. 이에 비해 교사의 수업 방식이나 과제의 어려움, 운 등은 외부에 있는 원인이 된다.

두 번째는 안정성(stability)이다. 마찬가지로 원인이 내부에 있어도, 즉 자신에게 책임이 있어도 능력은 비교적 안정되어 있으며 하루아침에 변하기 어려운 특성이 있다. 이에 비해 노력이나 기분은 그때그때 변하기 쉬운 것이 특징이다.

세 번째는 통제 가능성(controllability)이다. 마찬가지로 내적이고 불안정한 노력과 기분을 예로 들어보면 노력은 자신의 의사로 통제할 수 있는데 반해, 기분은 그렇게 통제하기가 쉽지 않다.

이번 장(章)의 주제에서 특히 흥미로운 점은 '능력'과 '노력'의 원인이다. 둘 다 원인의 소재로서 자신의 책임을 강조하지만 '능력'은 안정되어 있고 곧바로 바꾸기 힘든 특징을 가진다. 게다가 자기 의사로 통제하기 어려운 성질의 것이다. 이에 반해 '노력'은 변화하기 쉽고 자신의 의사로 통제 가능하다. 이런 의미에서 이 둘은 대조적이며 또한 교실에서 아이들이 수행하는 지적 과제의 성공과 실패는 다른 원인보다 능력 또는 노력에 따라 차이가 난다고 여기는 경우가 많다. 여기에서 특히 이 두 가지 중 어느 쪽에 원인이 있는지에 따라 학습자의 의욕이나 행동이 어떻게 달라지는가를 살펴보는 것은 대단히 흥미로운 일이다. 사실 이러한 연구는 매년 늘어나고 있다.

이나기 데쓰로(稲木哲郎)는 중학교에 입학해서 처음으로 중간고사를 치르는 1학년들을 대상으로 이런 조사를 실시했다.

중간고사를 끝내고 2주 후, 학생들에게 사회 과목의 중간고사 성적은 스스로 느끼기에 성공적이었는지, 아니면 실패했다고 생각하는지를 물었다. 그리고 그 원인은 무엇이라고 생각하는지, 능력과 노력, 시험의 난이도, 운, 네 가지 중 하나를 고르게 했다. 그 뒤, 다음 기말시험에서는 몇 점 정도를 예상하는지 쓰게 했다.

그는 중간시험의 결과를 '실패'라고 평가한 아이들 102명에 대한 결과를 분석했다. 실패의 원인을 '능력 부족'이라고 한 학생들은 '노력 부족'이라고 한 학생들에게 비해 다음 번 성적을 보다 낮게 예상하는 경향이 뚜렷했다. 자신의 능력 부족으로 실패했다고 생각하면 기가 꺾이는 것도 당연하다. 와이너가 말한 '불안―불안정―통제 가능성'이 성취 행동에 영향을 미치는 것은 교육 현장에서 실제로 확인된 것이다.

'능력 부족'이라고 생각하면 의욕은 떨어진다

드웩이 초등학생을 대상으로 진행한 실험은 현장 연구라기보다는 실험실 연구에 가깝다. 드웩은 와이너의 '원인의 소재' 이론을 학업 면에서뿐만 아니라 1장에서 언급한 셀리그만의 '학습된 무기력' 현상

숨은 붙어 있으니 살아야겠고

과도 연결시켜 적용해보고자 했다. 그리고 학습 부진아에 대한 원인 규명에 새로운 시각을 제시했다.

잠시 드웩의 실험을 살펴보자. 실험 대상은 초등학교 5학년 아이들로, 주어진 과제는 나무 교구(놀이)를 이용해 지정된 모양을 만드는 것이었다. 아이들은 한 사람씩 교실에 들어가 각각 두 여성 실험자로부터 미리 정해져 있는 순서대로 32문항씩 모양 만들기 과제를 받았다. 두 실험자 중 '성공형'을 맡은 실험자가 제출한 과제는 노력하면 반드시 풀리는 문제였지만 '실패형'을 담당한 실험자가 낸 과제는 실험 과제 중 두 문제를 제외하고는 풀리지 않는 문제였다.

'실패형' 실험자는 마지막에 아무런 예고도 없이 아이들에게 해결 가능한 두 문제를 시험 과제로 제시했다. 그리고 '성공형' 실험자가 이와 동일한 난이도의 과제를 아이들에게 제시한 경우, 아이들의 반응이 앞의 조건(실패형)과 차이 나는 점을 비교·연구했다. 결과는 '실패형' 실험자한테 받은 문제를 '성공형' 실험자한테 받은 문제보다 못 푸는 아이들이 더 많았다.

이 실험에서는 문제를 정확하게 풀 때마다 팁을 주었고 이것은 나중에 아이들이 갖고 싶어 하는 선물로 바꿀 수 있었다. 따라서 한 문제라도 더 문제를 풀려고 하는 의욕은 강했을 것이다. 게다가 시험 과제는 양쪽 다 노력하면 풀 수 있는 문제였음에도 이러한 차이가 났던 것이다. '실패형' 실험자가 낸 과제는 늘 풀리지가 않았고 이런 실패 경험이 계속 반복되면 그 실험자가 낸 과제에 대해서는 처음부터 자기 힘으로는 풀지 못한다고 미리 포기해버리는 경향이 있었다.

그 영향이 다른 사람(성공형)이 낸 과제에까지 미치지 않는다는 의미에서 해석이 한정되어 있다고는 하지만, 이들 초등학생들은 지적 과제에서 연속적으로 실패함으로써 문제해결 능력의 저하, 즉 일종의 '학습된 무기력'을 보여주고 있는 것이다.

그러나 이 장면에서 보여주고 있는 현상이 1장에서 살펴본 현상, 즉 해먹에 묶여 전기충격을 반복적으로 당하며 고통을 피할 수 없는 개나, 학교 가까운 곳에 공항을 두고 끊임없이 제트기 소음에 시달리며 다른 곳으로 옮길 수도 없는 학생들이 겪는 무기력과 동일한 현상인지에 대해서는 의문스러운 점이 있다. 아이들이 이 나무 쌓기 문제 푸는 일을 스스로 대단히 중요한 문제라고 생각하고, 이 문제를 풀지 못하면 치명적이라고 생각했다면 또 다른 이야기겠지만 말이다. 그러나 지금은 이 문제에 대해 더 이상 깊이 들어가지 않고 일단 나아가 본다.

지금 살펴본 바와 같이 '실패형' 실험자가 낸 풀리는 시험 과제 두 문제에 대해서는 전체적으로 보면 풀지 못하고 끝낸 학생이 많았다. 그러나 이에 대한 반응에는 개인차가 컸다. 두 문제 다 푼 학생도 있었고 두 문제 다 못 푼 학생, 한 문제만 겨우 푼 학생 등 각양각색이었다. 드웩은 이 실험 과제를 푸는 데 필요한 시간을 측정했다. 풀지 못했을 경우는 제한시간인 20초가 다 소요되었다고 보았다. 그리고 '성공형' 실험자가 낸 문제를 냈을 때와 '실패형' 실험자가 냈을 때의 문제 해결 시간의 차이를 조사하고 그 차이가 큰 사람('무기력형'이라고 칭함)과 적은 사람('노력형'이라고 칭함)으로 전체 피험자를 양분했다.

그리고 이 실험을 진행하기 한 달 전 실험에서 '지적달성의 책임성 척도'라고 불리는 질문지에서의 반응이 양쪽에서 차이가 나는지를 조사했다. 그 척도는 크란달(V. C. Crandall)에 의해 만들어진 것인데, 교실에서 학생들이 경험하는 성공이나 실패의 원인을 자신에게 찾으려는 경향의 강도를 측정하려고 했다. 34개의 항목에는 항목마다 두 가지의 선택지가 있고 두 가지 중 하나를 반드시 선택하도록 했다. 선택지의 한쪽은 자신에게 책임이 있다고 하고, 다른 한쪽은 자신이 아닌 다른 바깥 요인에 책임이 있다고 한 것이다.

예를 들면, 성공 장면에 대한 예시에는 이런 것이 있었다.

"선생님이 좋은 성적을 준 주된 이유는 무엇일까요?"

(1) 선생님이 나를 예뻐해서.
(2) 답변이 좋았기 때문에.

이번에는 실패 장면의 예시를 보자.

"시험 점수가 나빴을 때, 주된 이유는 무엇일까요?"

(1) 시험이 어려워서.
(2) 시험 준비를 열심히 하지 못해서.

드웩은 성공이나 실패의 원인이 자신에게 있다고 반응했을 때, 한 걸음 더 나아가 자신의 '노력'에 의한 것인지 '능력'에 의한 것인지를 구별해서 결과를 정리했다. 예를 들어, 지금 나열한 항목으로 치자면 성공 장면의 (2)는 '능력'을, 실패 장면의 (2)는 '노력'을 나타내고 있다.

결과는 어땠을까? '노력형'은 '무기력형'에 비해 실패를 자신의 노력 부족 탓으로 여기고 성공은 자신의 노력 덕분이라고 보는 일반적 경향이 단연 높았다. 평소에 실패는 자신의 노력이 부족한 탓이라고 여기는 경향이 강했기 때문에 노력형의 아이가 된 것이다. 즉, 이들은 '실패형' 실험자한테 계속해서 해결 불가능한 문제를 받아도 좀처럼 포기하지 않고 문제에 집중했다고 해석할 수 있다.

끈질긴 근성의 소유자는 노력귀인자*

드웩의 다른 실험에서는 노력형 아이는 실패에 대해 더욱 선명하게 자신의 노력 부족 탓으로 여기는 경향에 따라 다른 아이들에 비해 실패를 극복하는 방법에 큰 차이가 있음을 보여주고 있다.

첫 번째 실험에서는 초등 5학년 학생 70명이, 두 번째 실험에서는 60명의 아이들이 개념학습의 과제를 받았다. 모든 카드에는 두 장이 한 쌍을 이루는 도형이 그려져 있고 피험자는 그중 한 장을 뽑았다.

---

* 노력귀인자 : 사건의 원인이 노력에 있다고 생각하는 사람.
귀인이론(Attribution theory): 성공과 실패의 원인을 어디에 돌리는가.

숨은 붙어 있으니 살아야겠고

그러면 실험자가 맞았는지 틀렸는지의 여부를 가르쳐 주었다. 여기에서 피험자는 도형의 색이나 형태 등 어느 쪽이 맞는지에 관한 정답의 단서를 찾는 것이다.

한 과제당 16장의 카드가 준비되어 있고 여덟 개의 과제를 진행해서 이 과제를 충분히 푸는 방법을 학습시켰다. 이때, 학생들의 반응에 대해 정답과 오답을 가르쳐주는 간격을 차례로 넓혀가다가 7, 8과제에서는 이것을 네 번째마다 한 번꼴로 가르쳐주기로 했다. 이것은 아이들이 생각하는 '이것은 맞았다는 표시일 거야'라는 추측을 확실한 것으로 만들어주기 위한 것이었다.

곧이어 같은 방식으로 4회의 시험과제를 더 시도했다. 이번에는 각각 20장의 카드였다. 이 시험과제에서 실험자는 피험자가 어느 도형을 선택해도 언제나 틀렸다고 알려주었다. 사실 이 시험과제에는 정답이 없었다. 따라서 아이들은 아무리 노력해도 '정답' 표시를 발견할 수 없도록 고안되어 있었다. 이것은 풀 수 없는 문제가 계속해서 주어지고 '실패 경험'이 오래 쌓이다 보면 아이들의 반응에 어떤 변화가 생길지 알아보기 위한 실험이었다.

아이들은 앞서 말한 '지적 달성의 책임성 척도'의 문제지를 미리 풀어보았다. 그 결과에 근거해 실패의 원인을 노력 부족으로 보는 경향이 높은 아이의 집단과 낮은 아이의 집단으로 나누었다.

이 양쪽이 취하는 방침, 즉 가설의 수정 방법에 대해 실패 경험이 계속되는 상태에서 어떻게 바뀌어 가는지를 외관에서부터 관찰하거나(첫 번째 실험) 아이들에게 스스로 자기 생각을 소리 내어 말하도록 요구(두 번째 실험)하면서 조사했다.

노력귀인(努力歸因, 사물의 원인이 노력에 있다고 믿는 것) 경향이 높은 아이들은 80% 이상이 4회 시험과제에서도 초기에 의연하게 보여줬던 적절한 방침을 계속해서 사용했다. 더 놀라운 일은 30% 전후의 아이들이 첫 번째 과제부터 네 번째 과제까지 '실패' 경험을 계속하는 과정에서 이전보다 고도의 방침, 즉 고학년 아이들에게 자주 보이는 여러 가설을 체계적으로 시도해보는 방침을 사용하기 시작한 것이다.

이에 비해 노력귀인 경향이 낮은 아이들은 실패 경험이 계속됨에 따라 점차 해결 방법에 대한 질이 나빠졌다. 두 번째 과제에서는 이미 30% 전후의 아이들이 적절한 방법을 포기해버렸다. 그리고 네 번째 과제에서는 70%에 가까운 아이들이 부적절한 방법을 사용하게 되었던 것이다. 예를 들어, 카드 윗면의 도형 색 중 '갈색'을 단서로 해서 고르고 실험자가 '틀렸다'고 반복해서 말했음에도 불구하고 계속 '갈색' 카드를 골랐다. 또는 오른쪽, 왼쪽, 오른쪽… 이런 식으로 '정답'의 근거와는 관련이 없다고 알려준 도형의 위치에 따라 선택하는 아이들이 많았다.

게다가 과제를 풀 때의 발언에도 현저한 차이가 났다. 노력귀인 경향이 높은 아이들은 스스로 자신을 격려하는 발언이 많았다. "좀 더 천천히 해보자. 그럼 알 수 있을 거야"라던가 "음, 점점 더 어려워지는데? 좋아, 그럼 더 열심히 해야지!"라고 하면서 과제에 매달리는 아이들이 많았다. 무려 84%의 아이들에게 그런 발언이 나왔다.

이에 반해, 노력귀인 경향이 낮은 아이들 중에 이렇게 자신을 격려

숨은 붙어 있으니 살아야겠고

하는 발언을 하는 아이는 전혀 없었다. 그 대신 많이 보이는 것은 적절하지 않은 방법을 언급하는 발언이나 실패가 자신의 능력 부족 탓으로 돌리는 발언이었다. 그들은 자주 "아이쿠, 헷갈렸네"라거나 "역시 난 기억력이 나쁘니까…"라고 중얼거리고 있었다. 이러한 발언이 두 번째 과제에서 벌써 나타나기 시작했다. 게다가 과제와는 상관없는 발언도 많았다. 특히 이런 발언을 하는 아이는 동시에 부적절한 방침을 취하는 경우가 많았다. "주말에 볼 영화가 있는데요…"라면서 실험자에게 말을 걸거나 거의 자동적으로 카드 위의 도형을 손으로 가리켰던 것이다. 이런 자세는 이미 과제를 해결하려는 의욕을 상실했음을 나타낸다.

또한 해결 불가능한 실험 과제에 대한 태도도 아주 달랐다. 풀 수 없는 과제에 대해서도 "나는 이렇게 도전하는 것이 좋아!"라며 긍정적인 감정을 보인 것은 노력귀인 경향이 높은 아이에게 많이 나타났다. "아휴, 재미없어!"라고 부정적인 감정을 나타내는 것은 반대로 노력귀인 경향이 낮은 아이에게 많이 나타났다.

실험 과제가 끝난 후에 실패의 원인이 무엇 때문이라고 생각하는지 아이들에게 물었을 때 과제를 해결하면서 나오는 발언의 내용 차이를 뒷받침하듯, 노력귀인 경향이 낮은 아이들은 절반 이상이 그 원인을 자신의 능력 부족 탓으로 여겼다. 자신은 머리가 별로 안 좋기 때문이라는 것이다. 한편 노력귀인 경향이 높은 아이 중에는 그러한 능력 부족을 원인으로 든 사람은 한 명도 없었다. 그 아이들이 든 특징적인 주된 이유는 '노력이 부족했다', '운이 나빴다', '실험자가 불공

평했다' 등이었다. 이 이유들은 모두 앞으로의 상황에 따라 자기 힘으로 극복할 수 있음을 나타내고 있다.

재귀인법의 효과

그럼 '어차피 난 머리가 나빠서 안 돼'라고 굳게 믿고 바로 포기해버리는 태도를 보이는 아이에게 노력의 의의를 가르쳐준다면 어떻게 될까? 물론 그저 '노력하면 된다'고 열심히 설교한다고 해서 아이가 바뀐다고 생각되지는 않는다. 그래서 드웩은 다음과 같은 '치료 교육'을 실시했다. 극단적인 무기력에 시달리는 8세부터 13세의 아이들 12명이 피험자로 선정되었다. 그들은 학교에서도 실패를 겪으면 의욕을 완전히 상실해버리기로 유명한 아이들이었다. 게다가 그중 3분의 2는 학업부진아로 특별학급에 배치되어 있었다.

무기력을 나타내는 아이들에게 전형적으로 보이는 특징이 그들에게도 역시 나타나고 있었는데, 실패를 자신의 능력 부족 탓으로 여기는 경향이 무척 강했다.

'치료 교육'은 산수 문제를 이용한 두 가지 방법으로 시험했다. 하나는 '성공 경험이 늘어나면 자신감이 붙고 실패했을 때도 좌절하지 않는다'라는 생각에 근거해 전부 성공 경험만 있도록 학습을 진행했다. 성공과 실패의 기준은 시간 내에 몇 문제를 풀어야 한다는 것으로 각각 시행할 때마다 실험자가 풀어야 할 기준 문제 수를 알려주지만, 실제로는 이런 방식으로 아이들이 충분히 성공할 수 있도록 늘 수준이 낮은, 쉬운 목표가 주어졌다.

또 다른 방법은 원인에 해당하는(속하는) 방식을 바꿔보는 것으로 재귀인법*이라고 한다. 이 방식에서도 대부분 아이들의 능력 범위 내에서 성공할 수 있는 낮은 기준을 부여하지만 의도적으로 가끔은 높은 도달 목표를 준다. 즉, 제한 시간 내에 제시된 도달 목표를 달성하지 못하는 '실패' 경험을 약 5번에 1번꼴로 부여했다. 그리고 실패했을 때는 노력이 부족한 것이 원인이고 더 열심히 노력하면 성공했을 거라고 말해주었다. 다시 말해서 실패 원인이 자신의 노력 부족에 따른 것이라고 해석하게 만드는 것이다. 이런 '치료 교육'을 25일간 계속했다. 그리고 '치료 교육'의 이전과 도중, 그리고 그 이후에 '교육' 효과를 측정해보는 시험을 보게 했다. 이 치료 교육은 여러 과제를 주고 문제가 너무 어려워서 풀 수 없는, 그래서 문제를 풀면 나중에 보상과 교환할 수 있는 팁을 얻게 되는 정도의 어려운 문제를 주고 '실패 경험'을 체험하게 하는 것이다.

그러자 재귀인법에 따른 '교육'을 받은 학생들은 실패를 해도 그 후 성적이 급격하게 떨어지는 경우가 한 건도 없었다. 오히려 많은 아이들이 실패 후 오히려 성적이 올랐다. "아이고, 망했다. 이건 나에게 더 열심히 하라는 뜻인가?"라고 중얼거리는 학생도 있었다고 한다. 게다가 질문지를 통해 자유 응답식의(개방형) 형태로 실패의 원인을 어디

---

* 재귀인법 : 어떤 일의 원인을 달리 파악하게 함으로써 자동적으로 생기는 부정적 사고나 신념을 조정하는 기법이다.

에서 찾는 경향이 강한지 알아보았더니 '치료 교육'의 전과 비교해서 실패의 원인으로 노력 부족을 든 경향이 확실히 증가했다. 이에 비해, 오로지 성공 경험만 주어진 아이들은 중간고사에서도 마지막 시험에서도 아무런 개선점이 보이지 않았다. 한 번이라도 실패하게 되면 완전히 풀이 죽어 그나마 있던 기세도 말끔히 사라지는 경향은 그대로였다. 또한 실패의 원인도 능력 부족이라고 생각하는 경향이 여전히 높았다. 이렇게 실패를 극복 가능한 대상으로 여기고 끈질기게 도전하는 경향은 단순히 성공 경험만으로 강해지는 것이 아니었다.

'노력 만능주의'에 대한 비판

이상과 같은 드웩의 실험들은 대단히 흥미롭다. 그리고 '노력하면 어떻게든 된다'라고 생각하는 것이 얼마나 중요한지 여러 가지 실험을 통해서 증명해주었다. 그러나 당장 '가정이나 학교에서 더욱 노력을 강조해야 한다'거나 '포기하는 것을 용인해서는 안 된다'라고 결론짓는 것은 문제가 많다. 하물며 '어떠한 경우라도 노력은 좋은 일이다', '무슨 일이든 노력하기 나름이다'라고 비약해서도 안 된다. 이러한 '노력 만능주의'는 일종의 비합리적인 신앙이라 할 수 있다.

분명히 노력도 하지 않고 자신의 능력 부족이 실패의 원인이라고 생각하는 아이들과 어른들에 대해 '노력하면 할 수 있다'고 가르치는 것은 의미 있는 일일 것이다. 칸막이를 뛰어넘으려 하지 않는 개를 끌

숨은 붙어 있으니 살아야겠고

어당겨 억지로 노력의 의미를 깨우치게 하는 것과 마찬가지다. 그러나 세상은 그리 단순하지 않다. 반드시 노력하면 모든 일이 다 잘 되는 것은 아니다. 특히 지적 과제에 대해서는 열심히 노력해도 실제로 능력이 낮으면 잘 되지 않는 경우가 있다(물론, 이 능력이 노력을 통해 확대되는 경우도 많다. 그러나 그렇게 되려면 지극히 많은 시간을 들여야 하고 생활면에서도 어느 정도 희생이 요구되는 경우도 많다). 게다가 어쩐지 마음이 내키지 않아서 노력할 수 없는 경우도 있을 것이다. 이미 1장에서 살펴본 것처럼 대부분의 흡연자는 잠재적이긴 해도 담배를 끊고 싶다고 생각한다. 하지만 금연을 실현하는 것은 실로 어려운 일이어서 노력만 강조해서는 좀처럼 성공하기 어렵다.

또, 노력이라는 신앙이 일단 받아들여지면 실패는 모두 자신의 노력 부족 탓으로 여기는 경향이 있다. 그것 역시 당사자에게는 아무것도 해볼 수 없는 상황을 만들어 낸다.

한편으로는 자기도 나름대로 열심히 하고 있는데 목표 달성에 실패했다면, 그 원인을 또다시 자신의 노력 부족 탓으로 돌리기엔 더이상 무리다. 그렇다면 그것은 능력 부족으로 돌릴 수밖에 없어 더 깊은 무기력에 빠지기 쉽다. 실제로 이것은 여러 대학생을 대상으로 한 실험에서도 확인되었다. 그들은 정말로 죽기 살기로 열심히 노력했다. 그럼에도 시험 결과가 나빴을 때, 대학생들은 자신의 능력 부족에서 그 원인을 찾는 경향이 가장 많았다. 게다가 이 결과에 대해 강하게 '싫다', '부끄럽다'라는 감정을 드러내고 있으며 심한 실패감을 보였다. 노력 만능주의에 쫓기게 되면 이에 반발해서 사람들에게 자신이 능력 없는 사람으로 보이지 않도록 하거나 또는 스스로도 그렇게 생각하기 싫어서 일부러 노력도 하지 않는 경향을 보이기 쉽다.

초등학교에서 우등생이었던 아이가 더 우수한 '우등생'들이 모이는 유명 중학교에 입학하고 나서, 갑자기 의욕을 잃고 자포자기하여 성적이 뚝 떨어지는 학생들 중에는 이러한 사례를 심심치 않게 찾아볼 수 있다.

그렇다면 노력으로 자신을 둘러싼 환경에 바람직한 변화를 만들어 낼 수 있다는 예측이나 자신감, 그것을 드웩의 노력 만능주의와 같은 방법에 의존하지 않고 키우려면 어떻게 해야 할까? 이것에 대한 자세한 내용은 다음 장에서 이야기하겠지만 여기서는 두 가지를 이야기하고 싶다.

첫 번째는 아이들에게 자신에게 맞는 분야, 자신이 특히 능력을 발휘할 수 있을 것 같은 분야를 찾아보도록 격려하는 것이다. 드웩의 경우처럼 어느 일정한 시간을 주고 그 시간 안에 하지 못했다면 그 원인은 자신의 노력이 부족했기 때문이라고 생각하게 만들지 말고, 여러 가지 분야의 선택 가능한 문제 중에서 자신에게 맞는 것을 고르도록 격려하는 것이다.

세상에는 자신에게 맞든 맞지 않든 무조건 해야만 하는 일이 있다. 읽기, 쓰기, 간단한 계산 정도는 반드시 익혀두어야 한다. 이 경우에는 각각 자신의 능력에 맞는 현실적인 목표를 세우도록 장려한다.

어느 분야에서 자신의 능력을 잘 발휘할 수 있고, 어느 분야에서는 자신이 비교적 잘하지 못하는지 자신의 능력과 적성, 그리고 흥미를 정확하게 알아두는 것은 인생을 살아가는 데 보다 더 중요한 일일 것이다. 이를 심리학에서는 '메타인지(meta cognition, 자신의 인지 능력에 대한 앎과 필요에 따라 인지 활동을 조정하는 능력)'라고 한다.

정확한 메타인지에 근거해 자신에게 '보람' 있는 과제를 선택하고 그에 대한 노력의 유효성을 확인해야 비로소 진정한 자신감을 얻을 수 있다는 것이다. 그저 '뭐든지 열심히 하면 실패하지 않는다'는 믿음은 일종의 주문 같은 것으로 실질적인 자신감으로 연결되지는 않는다.

두 번째는 그저 '노력해라'고만 하기보다 어떻게 노력할 것인지, 그 방법을 궁리하는 것에 중점을 두도록 촉구하는 것이다. 단순히 '열심히 노력해라', '집중해서 해라'라고 하면 효과도 오르지 않고 자기 향상의 즐거움도 체험하기 어렵다. 실패가 계속되었을 때, 가장 필요한 것은 '이렇게 하면 잘 되지 않을까'라는 구체적인 개선책을 떠올리는 것이다.

드웩 자신이 극단적인 노력주의가 갖는 위험성에 대해 주의를 환기시킨 점을 주목할 필요가 있다. '포기하지 않는 한, 실패가 아니다'라고 고집을 피우는 것을 드웩은 '닉슨 증후군(Nixon Syndrome)'이라는 표현을 써서 경고하고 있다.

분명히 이것은 우리가 바라는 바가 아니다. 너무 쉽게 포기하는 것을 바라지는 않지만, 그렇다고 모든 것을 '노력 부족' 탓으로 돌리는 것도 마찬가지로 바라지 않는다는 점, 이 두 가지 모두 중요하다는 것을 확인해두고 싶다.

2

무기력과 효능감의
메커니즘

4장
—
자율감

효능감의 조건

지금까지 심리학의 여러 분야에서 이루어진 무기력에 관한 연구를 살펴보았다. 아무리 노력해도 고통이나 결핍 등 '나쁜' 상태에서 탈출할 수 없는 경험을 반복하면 동물도 사람도 완전히 무기력해진다. 심지어 가능한 상황에서도 개선해 보려는 시도조차 하지 않게 된다.

그렇다면 무기력과 효능감은 어떤 관련이 있는 것일까?

이 책에서 다루는 효능감이란 자신이 노력하면 환경에 바람직한 변화를 만들 수 있다는 견해나 자신감을 갖고 환경에 적응하며 활기 있고 충실한 생활을 하는 상태를 나타낸다. 그렇다면 무기력에 빠질 만한 조건이 없다면 사람은 자연스레 효능감을 갖게 된다고 할 수 있을까? 그렇게 된다면 이야기는 간단해진다. 그러나 현실에서는 아무래도 그렇지만은 않은 것 같다.

어떤 의미에서 우리가 사는 '풍요로운 사회'에서는 대다수 사람들이 셀리그만 식의 무기력을 체험할 만한 '절망적인' 상태에 놓여 있지는 않다. 그러나 그들이 일상적으로 '효능감'을 느끼고 있다고는 아무래도 말할 수 없을 것이다.

그 이유로 크게 두 가지를 생각해볼 수 있다. 하나는 인간이 무기력에 빠지는 상황은 고통이나 생리적 결핍 등 생물로서 생존에 대한 위협으로부터 도망칠 수 없는 상태 외에도 여러 가지가 있다는 것이다(물론 무기력 상태의 정도는 다소 약할지도 모르지만). 앞 장에서 살펴보았듯이 자신이 가치를 두는 과제에서의 '극복할 수 없는' 연속적인 실패도 이에 해당한다. 더욱이 '인간다운 삶의 방식'이 반복적으로 위협당하고 좀처럼 그 상황을 개선할 수 없을 때도 사람은 무기력에 빠지게 된다. 무엇이 '인간다운 삶의 방식'인지에 대한 판단은 문화 차이나 개인차가 적지 않을 것이다. 그렇다면 무기력에 빠지는 상황도 같은 차이가 있을 것이다. 이 점은 책의 후반부에 다시 이야기하기로 한다.

두 번째는 '나쁜' 상황을 변화시켰을 뿐만 아니라 자신의 행동이 환경이나 스스로에게 좋은 변화를 가져왔다는 점도 효능감을 일으키는 '충분조건'은 아니라고 생각한다. 이 충분조건은 앞으로 계속 살펴보겠지만 그전에 여기서 지적해두고 싶은 것이 있다. 그것은 효능감을 획득하면 일반적으로 무기력에 빠질 만한 상황에 놓여도 이를 극복할 수 있는 가능성이 있다는 점이다(그 반대의 가능성도 생각해볼 수 있다). 극단적으로 이야기하면 자신의 수명이 수개월밖에 남지 않았다는 것을 알았다고 해도, 그러니까 그런 최악의 상황에서라도 모든 사람이 반드시 무기력에 빠지는 것은 아닐 것이다. 이것은 그 사람이 획득한 효능감이 구명 밧줄이 되어 무기력에 빠지는 것을 막아준다고 해석할 수밖에 없다. 만약 이러한 효능감이 없다면 인간은 지극히 상처받기 쉽고 무기력에 빠지기 쉬운 존재일지도 모른다. 이런 이유로 이 책의 후반부에서는 오로지 효능감에 초점을 맞추고자 한다.

이 장에서는 먼저 바람직한 변화를 일으킨 활동을 '스스로' 시작한 것이라는 '자율감'이 효능감 획득에 어떤 의의를 갖는지 검토해본다.

보수에 의한 의욕 저하

'사람은 오로지 먹고살기 위해 살아가는 것이 아니다'라는 말이 있다. 확실히 인간답게, 충실하게 살기 위해서는 '먹는 일' 혹은 의식주 이상의 것들이 필요하다. 무엇보다 먼저 좋아해서 열중할 수 있는 활동의 장이 주어져야 한다. 더구나 좋아하는 일을 하고 그에 대한 보수도 받을 수 있다면 어떨까? 이거야말로 금상첨화로 의욕에 넘쳐 활기차게 일하게 될 것이다. 이것은 누구나 바라던 바가 아닐까? 그러나 실제로는 그렇게 단순하지만은 않을 것이다. 자신이 아닌 외부 요소, 즉 다른 사람이 주는 보수가 사람들이 원래 가지고 있는 의욕이나 흥미를 저하시키는 경우가 있다. 미국이나 캐나다, 이스라엘 등에서 활발하게 진행되고 있는 연구들에서 이 점에 대해 시사하고 있다.

몇 가지 살펴보도록 하자.

데시는 대학생을 대상으로 '금전에 의한 보수의 효과'를 조사했다. 그는 실험에 '소마(Soma)'라는 일종의 구성 과제를 이용했는데 이것은 대학생들의 지적 관심을 끄는 퍼즐로 잘 알려져 있다. 실험 첫날에는 각 피험자가 얼마나 열심히 이 퍼즐 맞추기를 하는지 조사했다. 이어서 두 번째 날에는 실험집단과 통제집단을 달리 대했는데 실험집단인 대학생들에게는 퍼즐을 정확히 맞출 때마다 1달러의 보수를 지급했다. 다른 통제집단에게는 퍼즐을 맞춰도 아무런 보수도 지급하지 않았다. 실험 세 번째 날은 다시 첫날과 동일한 방식으로 돌아갔다. 즉, 실험집단과 통제집단 모두 퍼즐을 올바르게 맞추어도 보수를 지급하지 않았다.

실험자는 매번 도중에 그럴듯한 구실을 만들어 몇 분간 실험을 중지시켰다. 그 사이, 피험자는 무엇을 해도 상관없었다. 주변의 잡지를 읽어도 좋고 신문을 보는 것도 허용되었다. 또는 소마 퍼즐을 계속해도 좋았다. 단지 방 밖으로 나가지만 않으면 된다는 조건이었다. 이 '자유 시간'에 피험자가 어떤 행동을 취할지, 즉 소마 퍼즐을 계속하는 사람이 얼마나 되는지 두 집단을 비교해보는 것이 이 실험의 목적이었다.

결과는 아주 흥미로웠다. 실험집단에서는 맞추면 보수를 받을 수 있는 두 번째 날, 퍼즐을 계속해서 맞추는 경우가 많았다. 그러나 퍼즐을 맞춰도 무보수인 세 번째 날이 되어 자유시간이 되자 곧바로 흥미를 잃어버렸다. 이 흥미 저하는 똑같이 맞춰도 무보수였던 첫날 반응과 비교해보면 확연히 드러나는 것이었다. 한편 첫날부터 세 번째 날까지 일관되게 아무런 보수도 없었던 통제집단에서는 그러한 흥미 저하는 나타나지 않았다.

데시는 같은 방식으로 계속해서 실험을 반복하여 금전적 보수가 피험자가 원래 지니고 있던 흥미를 저하시킨다는 것을 확인했다. 또한 실험자들만이 아니라 일상적인 경우에도 동일한 결과가 나타나는 것을 확인했다.

예를 들어, 대학 신문부의 서클 활동으로 신문의 표제 담당인 학생에 대한 연구가 있다. 물론 학생인 그들이 좋은 제목을 생각해냈다고 해서 보수를 받을 수 있는 것은 아니다. 그러나 모두 열심히 서클 활동에 참가하고 좋은 제목을 생각해 내려고 했다. 자신은 알지 못하게 하고 이 학생들을 연구 대상으로 삼았다.

연말이 다가오면 실험집단으로 분류된 학생은 편집 주임에게 다음과 같은 말을 듣게 된다. "서클의 예산이 남았는데 연말까지는 다 쓰고 싶다." 이런 명목으로 제목을 하나씩 생각할 때마다 50센트를 주기로 했다. 한편 통제집단으로 분류된 학생은 평상시대로 아무런 보수도 받을 수 없었다. 이렇게 3주 정도가 지난 다음 "예산을 다 썼다"고 하고 그 이후는 원래 방식대로 돌아왔다.

이렇게 실험집단의 학생에게 보수를 주지 않게 되고 나서 3주 후, 그 뒤 다시 8주 후에 제목을 생각하는 것에 대한 열의의 변화를 보수 지급 전과 비교해서 조사했다. 그러자 두 시점 모두 실험집단의 학생들은 뚜렷하게 열의가 떨어진 반면, 통제집단은 전혀 그렇지 않았다.

'보상'에 의한 흥미 저하

유아의 의욕을 높이는 수단으로 부모나 보육자가 자주 사용하는 것이 상품이나 상장 같은 보상일 것이다. 스탠퍼드대학의 레퍼(M. R. Lepper)*는 실제 보육 장면에서 그림 그리기를 좋아하고 자유놀이 시간에도 자주 그림을 그리는 유아를 이 연구의 대상으로 삼았다.

실험자는 유아들에게 교실에서 떨어진 방으로 한 사람씩 들어가 펠트펜으로 좋아하는 그림을 그리게 했다. 이때 유아들은 세 집단으로 나누었다. 첫 번째 집단은 '예고된 보상' 집단으로 부르면 되겠다. 여기에서 "잘하면 상을 줄게"라는 약속을 하고 아이들에게 좋아하는 그림을 그리게 했다. '상'은 금색 별 모양과 빨간 리본으로 장식한 상장으로 아이들의 이름과 유치원 이름이 인쇄되어 있었다. 아이들에게 이 상장은 상당히 매력적인 것이었다. 두 번째 그룹은 특별한 보상을 약속하지 않고 그저 "아이의 그림 그리는 모습을 보고 싶으니까 그림을 그려 달라"는 부탁을 받고 자기가 좋아하는 그림을 그렸다. 역시 다 그리고 나면 첫 번째 그룹과 마찬가지로 상장을 받았다. 이 집단을 '예기치 못한 보상' 집단으로 부르자. 그리고 세 번째 그룹은 보상의 약속도 없었으며 실제로도 아이들에게 보상을 주지 않았다. 이들을 '보상이 없는' 집단이라고 하자.

이 방에서 유아들이 그린 그림 수는 '예고된 보상' 그룹의 아이들이 다른 두 그룹의 아이들에 비해 월등히 많았다. 그런데 그림의 질은 떨어지는 경향이 있었다.

숨은 붙어 있으니 살아야겠고

이 체험이 있고 난 1~2주 후에는 자유놀이 시간에 유아들의 행동을 관찰했는데 스스로 그림을 그리던 행동이 '체험' 전과 비교해 어떻게 나타나는지 세 그룹을 비교하는 것이었다. 결과는 '예고된 보상' 그룹의 아이들, 즉 보상을 예고 받고 그림을 그린 아이들은 다른 두 그룹의 아이들에 비해 자발적으로 그림을 그리는 아이들이 적었다. 그 아이들은 전보다 그림 그리기에 흥미가 떨어진 듯했다. 한편 예고 없이 보상을 받은 아이들과 보상이 없었던 아이들에게는 그런 현상이 보이지 않았다. 그들은 전과 마찬가지로 자유놀이 시간에 즐겁게 그림을 그렸다. 보상을 기대하고 그림을 그리는 것은 그 후 자발적인 흥미를 떨어뜨리게 만든 듯하다.

이어진 연구에서도 보상을 기대하고 그리면 그 이후 보상이 없을 때 흥미가 떨어진다는 사실을 재차 확인할 수 있었다.

외적 평가로 인한 향상심 저하

타인으로부터 보수를 받는 것이 어떻게 원래 가지고 있던 흥미나 의욕을 저하시키는가.

이 이야기를 하기 전에 또 다른 실험을 소개하고 싶다. 학교 교육에서 곧잘 사용되는 교사의 성적 평가에 대한 '효과' 실험이다. 결론부터 말하자면 이 또한 아이들이 원래 가지고 있었던 내적(자발적) 흥미를 저하시키는 것으로 나타났다. 더욱이 주목해야 할 점은 외적 평가의 예고는 자신의 능력을 키우고자 보다 어려운 문제에 도전하려는 자기향상적인 의욕조차 약화시킨다는 것이 하터(S. Harter)의 실험에서도 보고되었다.

하터의 실험에서는 초등학교 6학년생들이 피험자였다. 이 아이들에게는 철자 바꾸기 과제, 낱낱이 흩어져 있던 글자를 조합해 단어를 만드는 과제가 주어졌다. 이때 하터는 세 글자 단어부터 여섯 글자 단어까지 난이도가 각각 다른 네 종류의 철자 바꾸기 과제를 준비했다. 세 글자는 가장 쉬운 과제, 여섯 글자는 가장 어려운 과제가 된다.

처음에는 간단한 연습 게임으로 이들 네 가지 수준의 철자 바꾸기 과제의 난이도를 실제로 체험할 수 있도록 했다. 그런 다음 '본과제'를 수행하게 했다. 그때 아이들은 자신이 좋아하는 수준의 과제를 골라 할 수 있게 했다. 난이도가 다른 네 가지 과제(각 8문제로 구성된다)를 제시하고 이 중 각자 난이도를 고르게 한다. 전부 쉬운 과제를 골라도 좋고 전부 어려운 과제를 골라도 좋다. 또는 쉬운 것과 어려운 것을 섞어서 골라도 좋다.

단, 이 선택에 앞서 실험자는 피험자를 두 집단으로 나누고 각각 다른 말을 들려주었다. 한쪽 집단의 아이들에게는 이것은 단지 게임일 뿐이라고 말했다. 또 다른 한쪽 집단에게는 이 결과에 의해 성적이 평가된다는 사실을 강조했다. 즉, 이 과제는 읽기나 철자법 학습과 관련이 깊다는 점, 8문제 중 몇 개를 맞추는가에 따라(어느 수준의 과제를 골랐는지와는 상관없이) 학교 선생님이 채점하듯 'A·B·C·D' 같은 평가를 한다는 점을 미리 일러두는 것이다.

숨은 붙어 있으니 살아야겠고

결과는 어땠을까? 평가를 예고한 집단이 게임이라고 소개한 집단에 비해 보다 쉬운 수준의 과제를 고르는 경향이 두드러졌음을 알 수 있었다. 평균해보면 아이들은 네 글자 이하의 쉬운 과제를 고르는 경향이 강했다. 그런데 그저 게임인 줄로만 알고 즐겁게 과제를 한 그룹의 아이들은 평균적으로 다섯 글자에 가깝고 적당히 어려운 수준에 도전하려는 경향이 강했다. 일반적으로 말하면 연습할 때 철자 바꾸기 과제를 잘했던 아이는 '본과제'에서는 보다 어려운 과제를 선택하는 경향이 있었다. 그러나 능력에 따라 과제의 난이도를 선택하는 경향은 "게임이니 즐겁게 풀라"는 말을 들은 아이들 쪽이 강했다.

실험 후에 어느 수준의 과제를 했을 때가 가장 좋았는지, 이유는 무엇인지 아이들에게 직접 물어보았다. 그러자 게임으로 알고 있던 집단의 아이들은 "적당히 어려워서 좋았다"는 발언이 많았다. "세 글자나 네 글자는 너무 쉽고 여섯 글자는 너무 어려워요. 다섯 글자가 가장 좋아요", "어려운 것이 만족감이 있어서 더 좋아요. 하지만 너무 어려우면 그냥 짜증만 나요"라는 답변이었다. 한편 평가 예고가 있었던 집단에서는 "이 정도면 할 수 있을 것 같았으니까요", "쉬운 게 좋아요"라는 이유가 많았다.

이렇듯 성적이 평가를 예고한다는 것은 분명 향상심에 찬물을 끼얹는 것과 같다고 할 수 있다. 비슷한 결과는 다른 사람들의 연구에서도 확인할 수 있다.

행동의 원천은 나

지금까지 살펴본 일련의 현상들을 어떻게 해석하면 좋을까? 타인에게 보수를 받거나 평가를 받으면 어째서 원래 있었던 흥미나 향상심이 오르기는커녕, 반대로 사라져버릴까?

이에 대해서는 지금까지 여러 가지 해석이 나왔다. 각각 어감의 차이는 있지만 많은 해석에서 보이는 공통점은 금전이나 보상 등 보수와 외적 평가 도입이 자율성 감각을 잃게 만드는 것 같다는 것이다.

우리가 좋아하는 일을 할 때, 그 활동을 지지하는 것은 그 일을 함으로써 '나다워진다'는 실감이다. 그 활동은 시작도 끝도 어느 때든지 상관없다. 방식도 자유롭다. 그러나 일단 상이나 외적 평가가 도입되면 상을 받기 위해, 또는 외적 평가의 기준에 맞추려고 행동을 조직화하려는 경향이 강해진다. 그리고 그 과정에서 점차 행동의 원천은 자신이 아니라는 느낌이 강해지는 것이다.

이것은 지금까지 보아온 하터의 실험에서 성적 평가의 예고를 들은 아이들의 발언을 생각해보면 알 수 있다. 왜 그 과제를 골랐는지 물어보면 "그냥 쉬워서"라거나 "반드시 풀 수 있는 과제니까"라고 답했다.

게다가 하터의 실험에서는 실험 종료 후 면접에서 성적 평가 예고를 한 아이들과 게임이라고 알려준 아이들 모두에게 다음과 같이 물어보았다. 그것은 "만약 자신이 경험했던 것과 반대의 상황이면 어떤 행동을 할 거라고 생각하는가?"라는 질문이었다. 그러자 게임으로 알고 그저 재미있게 과제를 푼 아이들 대부분이 성적 평가가 이루어진다고 하면 자신은 좀 더 쉬운 과제를 선택했을 거라고 답했다. 이어서 그런 이유로 더 좋은 점수를 얻고 싶거나 아니면 나쁜 점수를 받고 싶지 않기 때문이라고 분명하게 답한 아이들이 많았다. 한편, 성적 평가가 예고된 상황에서 문제를 푼 아이들 대부분은 만약 성적 평가가 없었다면 어려운 것을 골랐을 거라고 대답했다. 이어서 성적에 대해 걱정하지 않아도 되니까 그렇게 했을 거라고 분명하게 뜻을 밝혔다. 어떤 아이는 이렇게 말했다. "나는 어려운 것을 고르고 싶었어요. 하지만 내가 조금 전(평가받는다는 조건에서)에 세 글자나 네 글자의 쉬운 문제를 고른 것은 좋은 성적을 받고 싶었기 때문이에요."

자신이 하고 싶은 대로 행동할 수 있을 때는 "내가 해냈어!" 하며 즐거워한다. 그러나 일단 성적이 매겨진다고 하면 내적 만족감을 버리고 외부의 기준에 자신의 행동을 맞추려는 모습이 자주 나타난다. 여기서 그들의 행동을 지배하고 있는 요소는 '외적 평가'인 것이다.

사회심리학자인 드샴(L. deCharms)은 "인간에게는 자신이 행동의 원천이자 주인공이고 싶어 하는 기본적인 욕구가 있다"고 강조한다. 만약 그렇다면 이처럼 자신이 스스로 행동을 통제한다는 느낌이 없는 행동을 싫어한다는 것이 이해가 간다. 실제로 하터의 실험에서 외적 평가의 예고를 받고 문제를 푼 아이들, 그들의 표현을 빌자면 '좋은 점수를 얻기 위해 쉬운 문제를 골랐다'는 아이들 중에서는 그저 게임으로 알고 문제를 푼 아이들보다 과제에 가장 집중하고 있을 때 문득 느끼는 기쁨이나 즐거움을 나타내는 미소 반응이 분명히 적다는 사실이 관찰되었다. 자기행동에 대한 주인공이 자신이 아닌 활동은 즐겁지 않다는 것을 잘 나타내주고 있다. 따라서 데시나 래퍼(M. R. Lepper)*의 실험에서 볼 수 있듯이 그 과제에 대한 흥미가 떨어지면 다른 활동을 고를 수 있는 자유로운 상황에서는 일부러 그 활동을 선택하는 일이 적어진다.

이러한 견해에서 살펴보면 '예상하지 못한 보상'이 내적 흥미를 저하시키지 않는다는 결과도 설명이 된다. 최근에는 래퍼가 보상이 자기 평가에 근거해 주어졌을 때는 내적 흥미를 저하시키지 않는다는 결과를 도출하고 있는데, 이것도 마찬가지로 설명이 된다. 즉, 양쪽 결과 모두 자율감은 보상에 의해 손상되기 어렵다고 보이기 때문이다.

자율감과 효능감

이것은 효능감 형성의 문제를 생각할 때, 매우 중요한 부분이다. 효능감 형성에는 노력의 주체, 즉 행동을 비롯해서 이를 통제하는 것은 '내 자신'이라는 감각인 자율감이 필요불가결한 조건이기 때문이다.

아무리 바람직한 변화를 가져왔다고 해도, 누군가의 명령으로 시작했거나 '어쩔 수 없는' 사정 때문에 그 일을 했을 때는 성공에 따르는 안도감은 있어도 그것이 진정한 효능감으로 연결되지는 않을 것이다. 결국 물질적 보수나 외적 평가는 자율감을 손상시키기 쉽다. 이것은 효능감 형성에 방해가 된다는 점을 시사하는 것이다.

유아기 때는 자율감의 유무가 효능감을 지지하는 요소로 그다지 문제가 되지는 않는다. 유아들은 자기가 좋아하는 일에는 집중하지만 내키지 않는 일, 싫어하는 일에는 꿈쩍도 하지 않는다. 그러나 아동기 이후인 청년기를 지나 성인으로 성장하면서 '하고 싶지 않아도 해야만 하는 활동'은 점점 더 늘어난다. 어머니를 슬프게 하지 않기 위해서, 입학시험에 합격하기 위해, 의리 때문에… 등등의 여러 이유로 하기 싫은 공부를 하고 마지못해 일을 하는 경우도 생긴다. 이 단계에서 노력의 결과를 잘 맺게 되면 무기력에 빠지는 일은 없을 것이다. 그러나 그렇다고 해서 이것이 효능감의 획득으로 이어진다고 보기는 어렵다. 따라서 아동기 이후의 단계에서는 자율감, 즉 '자신의 행동을 자신이 시작하고 스스로 통제할 수 있다'는 감각을 효능감 획득의 전제조건으로 볼 필요가 있다.

이것은 자신의 행동에 대한 통제감을 가지고 있으면, 성공이나 실패의 원인으로 '스스로의 책임'을 강조하는 경향이 늘어난다는 실증적 연구에 의해서도 간접적이나마 증명되고 있다. 1장에서 살펴본 것처럼 자신에게서 성공과 실패의 원인을 찾는 경향은 무기력과 양립할 수 없는 것으로, 간접적으로는 효능감의 지표로 볼 수 있는 경우가 많다.

그중 한 가지 예로, 아린(M. Arlin)의 연구를 들 수 있다. 실제 교육 현장에서 이루어진 이 연구는 초등학교 5학년에서 중학교 1학년 학생들 약 600명을 대상으로 한 것이다. 학생들은 다른 두 학교에서 선정되었는데, 한 곳은 일반적인 교사가 주도권을 갖고 학습을 진행하는 학교이고, 다른 한 곳은 지적 기능을 습득하는 학습 진도 등의 일부를 학생 스스로 결정할 수 있는 개별 교수법을 도입한 곳이었다.

학생들은 학년의 시작과 끝에 각각 두 종류의 질문지 조사를 받았다. 하나는 학생들이 교실 내에서 자신의 학습을 어느 정도 통제할 수 있다고 생각하는지에 대한 인지 정도를 알아보는 것이었다. 예를 들어, 교실 안에서 자신의 활동을 선택할 수 있는 기회가 어느 정도 있는지, 자기 페이스대로 공부할 수 있는 기회가 어느 정도 있다고 생각하는지 등의 항목을 주고 각각 4단계로 평가하게 했다. 다른 하나는 '지적 달성에 대한 책임성의 척도'다. 이것은 앞서 설명한 것과 같이 교실에서 발생하는 성공이나 실패의 원인을 자신의 책임, 즉 자신의 능력이나 노력으로 상정하는 경향이 얼마나 강한지를 알아보는 것이었다.

그 결과, '학습에 대한 통제감'이 클수록 '자기 책임성'을 인정하는 경향이 보이지만 어느 쪽이 원인인지는 알 수 없었다. 그래서 통계적 수법을 이용해 어느 쪽이 다른 쪽의 원인이 되는지를 검토했다. 그러자 '학습에 대한 통제감'이 학업 장면에서의 성공과 실패에 대한 '자신의 책임을 인지하는 것'에 선행하는 것으로 나타났다. 즉, 학교에서 공부를 스스로 통제할 수 있다고 생각한다면 학업의 성공이나 실패, 특히 실패에 관해 자신의 책임을 인정하는 경향이 강해진다는 것이다.

또 다른 연구 역시 교육 현장에서 행해진 것이었다. 팔로우 스루(follow through) 계획의 여러 교육 프로그램의 효과를 비교하는 조사 연구 가운데 이 문제가 검토되었다. 팔로우 스루 계획이란 미국의

숨은 붙어 있으니 살아야겠고

빈곤 계층 가정 아이들의 지적 능력 지체를 회복시키고자 하는 헤드 스타트 계획(head start plan, 미국의 저소득 가정 아동의 교육지원제도—옮긴이)의 후속으로 1960년대 후반부터 실행되었으며, 초등학교 3학년까지 이 보상 교육을 지속시키고자 한 것이다. 여기에서는 주도권을 가진 교사의 지시대로 계통적인 학습을 시키려고 한 것부터, 아이들에게 주도권을 준 뒤 좋아하는 활동을 좋아하는 방식으로 실행하는 것을 허용하는 것까지 여러 형태의 교육 프로그램이 있었다. 조사 대상이 된 아이들은 이 중 하나의 프로그램을 교육받고 그들의 발달에 관한 여러 가지 '테스트'를 받았다. 그중 하나가 앞서 기술한 '지적 발달에 대한 책임성 척도'다.

이 조사에서는 학습에 대한 자신의 통제감을 아이들에게 직접 물어보지는 않았다. 그 대신 각각의 프로그램이 실행되고 있는 교실을 빈번하게 방문해 아이가 학습에 임하는 자세, 아이와 교사가 상호교류하는 모습, 교실 환경 등을 상세하게 관찰했다. 그리고 거기에서 얻은 정보와 아이들의 성공이나 실패에 대한 책임성 정도와의 관계성을 조사했다.

그 결과는 아이가 교사의 지시나 암시에 의하지 않고 스스로 어떤 활동을 할 것인가를 결정할 수 있는 학급의 아이들일수록 교실 장면에서의 성공에 대해 자신의 노력이나 능력을 강조하는 경우가 많았다. 그러나 실패에 대해서는 다른 사람의 탓으로 돌리는 경향이 강했다. 이것은 실패를 자신의 능력 부족이라고 여기는 것보다는 사태를 개선할 수 있다는 자신감을 나타내는 것이다.

장기간 스스로 어떤 일을 결정할 자유가 있었던 아이가 자율감이 강하다는 것은 자연스러운 일일 것이다. 그렇다면 이 결과 역시 사태를 개선할 수 있다는 자신감, 나아가서는 효능감 형성에 있어서도 자율감이 중요한 역할을 한다는 것을 나타낸다고 할 수 있다.

자율성은 자기 선택으로부터

그렇다면 자율감을 발달시키기 위해서는 어떻게 해야 할까? 외부로부터 주어지는 보수나 평가가 없게 만들면 된다. 이것은 분명히 하나의 방법이 될 수 있다. 그러나 그러기 위해서는 그 전제로 보람 있는 과제와 몰두할 수 있는 상태가 필요하다는 것을 강조하고 싶다. 앞서 이야기했던 보상의 마이너스 효과를 나타내는 실험 예시는 어디까지나 내적으로 지적 흥미를 이끌어낼 과제, 했을 때 보람이 있는 과제에 대해 보이는 현상이었음을 기억해야 한다. 재미없는 과제에서는 보상이 없으면 작업량이 줄어든다고 알려져 있다.

외부로부터의 '강제'가 없음을 전제로 할 때, 자율감을 보다 강화시키는 방법은 없을까? 곧바로 떠오르는 것은 자기 선택의 기회를 주는 일일 것이다. 많은 선택지 중에서 스스로 좋아하는 활동을 고를 수 있는 것이야말로 '자기행동의 주인공은 나 자신'이라는 느낌을 더욱 강화시키지 않을까? 그것은 효능감을 발달시키는 것과도 연결될 수 있다.

실제로 이 가능성을 시사하고 있는 실험이 있다. 스완(W. B. Swann)의 실험이 그 예다. 그는 초등학교 저학년 아이들을 대상으로 두 그룹으로 나누어 실험했다.

실험자는 아이들을 한 명씩 방으로 불러 그림 그리기 활동을 포함한 몇 가지 재미있는 활동을 제시했다. 그중 한 그룹의 아이들에게는 제시된 활동 중 하나를 골라서 놀도록 지시했다. 이 아이들은 그림 그리기 활동을 골랐다. 또 다른 한 그룹의 아이들에게는 실험자가 한 가지 활동(그림을 그리는 활동)을 골라 그것으로 놀도록 지시했다. 그렇게 몇 분간 놀게 한 후, 실험은 끝났음을 알려주었다. 그 후 '시간이 좀 남았다'는 명목으로 각자 원하는 대로 남은 시간을 보내게 했다. 여기서 '자유 시간'에는 그림 그리기 행동을 얼마나 자발적으로 계속하는지 두 그룹을 비교해보았다. 그러자 자기 선택의 기회가 있었던 그룹의 아이들이 계속해서 그림 그리기에 몰두하는 일이 확실히 많았다. 스스로 선택한다는 것은 그 과제에 끈기 있게 도전하는 경향을 강화시켰다. 이것은 자율감이 작동하고 있었기 때문이라고 해석할 수 있다. 자기 선택이 자율감, 나아가 효능감을 키울 수 있는 가능성을 시사하고 있다.

그렇다고 해서 이러한 결과를 근거로, 무엇이든지 자기가 선택하게만 하면 된다고 생각해서는 안 된다. 자기 선택은 자기 활동에 대한 통제감을 강화시키는 경우가 많다. 그러나 이것 역시 모든 경우에 해당한다고 말할 수는 없다. 선택지에 따라 통제감을 발휘할 수 없는 경우도 있다.

미국의 심리학자인 먼티(R. A. Monty)가 강하게 경고하는 사항이 있다. 그와 공동연구자의 실험 중 한 사례를 살펴보자.

대학생에게 실험실에서 쌍대연합학습(두 개의 항목을 짝지어 기억하는 과제―옮긴이)이라는 단순한 학습을 하도록 지시했다. 이것은 자극어로서 제시된 단어와 반응어로서 제시된 단어를 대응해서 기억하는 과제였다. 예를 들어, 유의미어끼리 대응되는 경우는 '책상―카메라', 유의미어와 무의미어로 대응되는 경우는 '너구리―가나다라'와 같은 항목을 보여주고, 자극어로서 '책상'이라고 하면 '카메라', '너구리'라고 하면 '가나다라'라고 반응어를 대답하도록 기억하게 했다.

먼티는 각 자극어에 각각 두 가지 반응어를 배정한 학습 리스트를 준비해 세 가지 조건을 설정했다. 첫 번째는 두 가지 반응어(선택지) 모두 피험자가 기억하기 쉽게 매력적인 유의미어로 설정하고 이 중 하나를 피험자가 스스로 골라 그 짝을 외우도록 요구했다. 두 번째는 제시된 반응어가 한쪽은 매력적인 유의미어지만 다른 한쪽은 전혀 매력적이지 않은(기억하기 어려운) 무의미어로 이것도 하나를 고르도록 했다. 세 번째는 통제군으로 첫 번째 집단과 동일하게 두 가지 매력적인 반응어를 제시하지만 이미 그중 하나는 실험자에 의해 'o 표시'가 되어 있게 했다. 그리고 이 표시가 되어 있는 쪽을 외우도록 요구했다. 모든 집단이 한 번의 시행에 12쌍(짝)의 항목으로 이루어진 학습 리스트를 6번 시행했다.

결과는 어땠을까? 매력적인 선택지를 선택한 첫 번째 집단이 가장 학습이 앞섰다. 선택지에 따라 호감도에 단연 차이가 나는 두 번째

숨은 붙어 있으니 살아야겠고

집단의 성적은 자기 선택의 여지가 전혀 없었던 세 번째 집단과 마찬가지로 낮았다. 자신이 사태를 통제하고 있다는 인지는 첫 번째 그룹만 가질 수 있었을 것이다.

먼티와 공동 연구자의 다른 실험에서는 12항목 중 첫 세 항목만을 자기가 선택하게 했지만 이것만으로도 모든 짝을 선택하게 했을 때와 마찬가지로 학습이 촉진되는 현상을 보였다. 자기 선택에 의해 성적이 좋아지는 것은 통제감 때문이며 자기가 기억하기 쉬운 선택지를 골랐기 때문에 유리했다고는 생각되지 않는다.

선택은 그저 고르게 하면 되는 문제가 아니다. '내 의지로 고른다!'라고 생각할 수 있는 선택을 해야 한다. '아이의 주체성을 존중한다', '아이에게 스스로 선택할 수 있는 기회를 준다', 이러한 주장을 하는 사람들 중에 먼티의 실험 중 두 번째 집단과 같은 선택을 하게 하는 사람은 없을까? 교사가 바람직하다고 생각하는 선택지와 아이가 고르기를 바라는 선택지 모두 아이 입장에서는 전혀 고를 것 같지 않은 선택지만 제시하고 '아이의 선택을 존중한다'라고 하는 경우처럼 말이다.

한 번 더 강조하자면, 중요한 것은 선택이라는 행위가 아니다. 자신이 자기행동의 주인공이라는 감각을 가질 수 있느냐, 없느냐 하는 것이야말로 정말 중요한 것이다. 의욕을 갖고 활기 있게 활동할 수 있게 되기 위해 이 감각은 꼭 필요하다.

남겨진 문제점

이 장에서 언급한 주제는 비교적 새로운 것이다. 따라서 실험적 증거나 이론화라는 점에서 상당히 불확실성이 예상된다는 것은 피할 수 없다.

이것을 간단하게 요약해보자.

첫 번째, 행동의 원인이 '자신'에게 있는지 아니면 '타인'에게 있는지처럼 대립적으로 생각하는 것은 지극히 미국인다운 발상으로, 이것이 과연 어느 나라에서나 해당될 수 있는가는 검토해야만 할 일이다. 가령, 일본에서는 누군가가 주인공이랄 것 없이 주위의 기대나 타인과의 조화를 고려해 무의식중에 활동이 시작되는 경우도 상당히 많다. 게다가 그렇게 해서 나오는 결과도 좋다.

두 번째, 자율감을 잃게 되면 내적 흥미, 향상심, 효능감 등이 저하된다는 것은 타당할지라도 자율감으로 생기는 바람직한 변화가 반드시 효능감으로 이어질지는 의문스러운 점이다. 이에 대해서는 6장에서 한 번 더 다루겠지만 자율감이 그 자체로 긍정적인 가치를 갖기 위해서는 자기통합, 즉 그 사람다운 삶의 방식에 연결되어야 하는 조건이 더 필요할 것이다.

세 번째, 물질적 보상을 부여하는 것이 반드시 자율감을 손상시키거나 효능감을 저하시킨다고 생각할 수는 없다. 그렇지 않다면 좋아하는 일로 생계를 꾸려나가는 일은 불가능한 일이 되어버린다. 또한 자기 선택에 의해서만이 아니라 타인의 지시나 때로는 '의리' 때문에

숨은 붙어 있으니 살아야겠고

시작한 일일지라도 나중에 스스로 '이 일이야말로 나의 천직이다'라고 생각하게 된다면 충분히 효능감을 갖게 될 수 있을 것이다.

5장
—
타인과의 따뜻한 상호 관계

효능감을 키워주는 친구들과의 교류

효능감은 아무래도 대인관계에서보다 사물을 다루는 분야에서 달성이나 성취 여부와 연관되어 해석되는 경향이 있다. 하지만 환경적 측면에서의 바람직한 변화로는 인간의 호의적 반응도 포함된다. 어머니에게 안아달라고 조르는 아이를 안아주면 아이 입장에서는 노력에 대한 결실을 맺은 것이 된다. 프러포즈에 상대가 응하면 그 자체로 일시적인 효능감은 느낄 수 있을 것이다.

동시에 타인과의 따뜻한 교류는 일을 잘 처리해서 느끼는 달성의 기쁨을 확대시키고 효능감을 이끌어내는 경우가 많다. 자신이 이룬 일이 다른 누군가를 위해 도움이 되고 다른 사람에게 기쁨을 준다는 실감은 자율성의 감각이나 내적 흥미를 저하시키는 것이 아니라 오히려 달성과 성취에 의해 큰 의미를 부여한다.

이 장에서는 이러한 점을 살펴보자.

여기 에피소드 하나가 있다. 어느 신문기자가 아라카와구(荒川区)의 한 중학교를 취재했다. 지나친 결석으로 유급을 거듭하고 있는, 이른바 더 이상은 손쓸 도리가 없는 등교 거부아에 대한 이야기다. 이 소년은 학교에 가지 않을 때는 창의 커튼도 걷지 않은 채 어두컴컴한 방에 혼자 처박혀 있을 때가 많았다. 언젠가 자살 미수 사건을 일으킨 적도 있다고 한다. 극도로 무기력한 상태에 놓여 있었다고 추정할 수 있다.

같은 반 친구들이 끈질기게 접촉한 것이 결실을 맺어 그는 2학기 중반이 되어 겨우 등교하게 된다. 마침 얼마 안 남은 학교문화축제의 준비 기간이었던 터라 반의 일원으로 활약할 기회가 계속해서 주어졌다. 반에서 상연하기로 되어 있는 연극의 무대 장치를 준비하는 역할을 맡거나 반 대표로 출품한 포스터가 학교에서 1등으로 뽑혀 문화제 프로그램 표지로 채택되기도 했다.

그의 반에는 아이들이 각자 잘하는 분야에서 선생님이 되어 서로 가르쳐주는 제도가 있었다. 기술과 과목을 잘했던 그 아이는 선생님이 되어 친구들을 가르쳐주기도 했다. 이렇게 친구들과 어울리면서 활기차게 활동하며 하루도 쉬지 않고 학교를 다니게 되었다. 그해 말 무렵에는 다가올 다음 해의 전교 학생회장으로 선정될 정도였다. 이제는 '학교가 내 삶의 보람'이라고 말할 정도로 바뀌었다.

친구들에게 필요한 존재가 되었다는 확실한 보람, 이것은 그저 무

숨은 붙어 있으니 살아야겠고

기력에서 회복하는 데 기여했을 뿐 아니라 살아갈 의욕을 만들어 내는 데도 기여했음을 알려주는 사례다. 다른 사람, 특히 친구들의 반응이나 관심, 그리고 친구들에게 '공헌할 수 있다'는 실감은 효능감의 원천으로서 얼마나 중요한 요소인지를 잘 드러내고 있다.

유아 연구에 따르면, 인간은 인생의 아주 이른 시기부터 동족인 인간에게 특히 강한 관심을 보인다고 한다. 타인이란 인간에게 단순한 생리적 자극과는 다른 의미를 갖는 듯하다.

그러나 효능감의 원천으로서 타인의 존재 의의가 특히 중요해지는 시기는 유·아동기 이후의 청년기와 성인기인지도 모른다. 그 시기의 인간은 타인들의 감사, 존경, 자랑과 같은 미묘한 감정을 추측할 수 있어 그만큼 자기행동에 대한 '반응'을 실감할 수 있는 기회가 많기 때문이다. 어쨌든 자신과 같은 부류에 속해 있는 사람들의 인정이나 관심, 감사가 자신의 존재 의의를 깨닫게 하고 활발한 활동의 원천이 될 수 있다는 생각은 무척이나 자연스러운 것이다.

일반적으로 동료에게 인정을 받았다거나, 자신이 한 행동으로 가족이 무척 기뻐하거나 또는 자신의 발언이 동료의 관심을 끌었다는 등등의 경험을 통해 살아가는 활기를 느끼고 '좋았어, 앞으로 더 잘해야지!'라는 생각을 하게 되는 경우가 많을 것이다. 그런 의미에서 효능감의 원천으로 '타인과의 따뜻한 교류'를 강조하는 것은 딱히 특별할 것도 없다고 생각하는 독자가 있을지도 모르겠다. 그러나 이것은 대인관계를 강조하는 사회에서 특히 더 알기 쉽다고 생각한다. 미국에서는 타인과의 교류가 효능감의 원천이라는 발상이나 그것을 증명하는 실험적 연구가 극히 적다.

효능감은 원래 미국에서 발생한 개념이다. 이후 10장에서도 소개하겠지만 개인적 달성이나 성취가 크게 강조되는 미국 사회에서 효능감은 오로지 자신의 노력에 따른 지적 업적과 연관 지어 해석되었던 것처럼 보인다. 그러나 미국에서도 최근에는 경쟁적 체재에 대한 반성과 함께 협동적 작업이나 학습에 대한 관심이 점차 높아지고 있다.

효능감을 키우기 힘든 경쟁적 관계와 환경

이번에는 타인과 자신을 둘러싸고 있는 환경이 어떤 관계를 강조하고 있는지 살펴보기로 한다. 이것은 효능감의 원천이 될 수 있는 타인과의 교류 문제를 생각할 때 매우 중요한 부분이다. 타인의 성공이 곧 자신의 실패를 의미하는 관계에서라면 '동료들과 어울려 살아간다', '동료와 함께 자신도 성장한다'는 사실을 실감하기 어렵다. 그런 의미로 경쟁 관계가 강조되는 분위기(상황)는 효능감을 키우는 토대로는 부적절하지 않을까?

최근 연구에 따르면 타인과의 경쟁이 강조될 때는 자신의 노력을 통해 만족감을 느끼게 되는 것이 아니라, 자신의 능력이나 운으로 만족감을 느끼게 된다고 믿는 견해가 강해졌다. 게다가 경쟁적인 상황에서는 자신이나 상대의 '능력'을 평가하는 일에 모든 관심이 쏠린다. 그리고 끊임없이 상대와 비교해서 자신이 얼마나 '머리가 좋은지'에 신경을 곤두세우는 경향이 강해진다고 한다.

한 가지 예를 들어보자. 에임즈(R. Ames)가 초등학교 5학년 남자 아이들을 대상으로 한 실험이다. 이 실험에서 에임즈는 두 사람이 짝이 되어 과제를 풀게 했다. 하지만 각기 혼자 힘으로 과제를 풀게 했다. 과제는 지적 과제의 한 종류로 기하학 도형을 선이 끊기지 않게 한 번에 그리는 문제였다. 연필을 종이 위에서 떼지 않고, 그것도 같은 장소를 두 번 통과하지 않게 하면서 복잡한 형태의 기하학 도형을 한 번에 연결하는 것이다. 두 가지 실험 조건이 설정되었다. 경쟁 조건과 비경쟁 조건이다. 경쟁 조건에서는 두 사람 중 성적이 좋은 사람이 '승자'가 되고 그 아이는 보상으로 작은 장난감을 받을 수 있다고 미리 알려주었다. 또, 비경쟁 조건에서는 두 사람 모두 보상을 받을 수 있다는 사실도 알려주었다. 연구에 협조해준 사례라는 명목이었다. 두 조건 하에서 문제를 풀고 나면 실험자가 두 사람의 성적을 발표했다. 따라서 서로 상대방이 몇 문제를 맞았는지 알 수 있게 했다. 이후, 아이들은 실험 장면에 대해 여러 각도에서 '감상'을 질문받았다. '감상'과 실험 조건과의 연관성을 살펴보는 것이 이 실험의 목적이었다.

결과는 다음과 같았다. 비경쟁 조건에서는 잘해냈다는 만족감이 자신이 얼마나 노력했느냐는 자기평가와 대응했다. 즉, 만족스럽게 여기는 아이는 자신이 매우 노력했다고 자기평가하는 경향이 있었다. 반대로 불만족스럽게 여긴 아이는 자신의 노력이 부족했다고 기술하는 경향이 있었다. 그런데 경쟁조건에서는 만족감과 자기 노력평가 사이에 그런 관계성이 보이지 않았다. 그 대신 자신의 높은 능력과 운이 좋았다는 자기평가가 만족감과 큰 관련이 있는 것으로 나타났다. 즉, 내 능력이 높았다거나 운이 좋았다고 답변하는 아이는 스스로 잘했다고 만족감을 나타내는 경우가 많았다. 또한 자신의 능력이 부족했다거나 운이 나빴다고 여기는 아이는 자신의 성적에 불만을 드러냈다.

게다가 자신과 상대방의 성적을 어떻게 평가할 것인가에 대한 결과도 흥미로운 것이었다. 아이들에게 제시된 10개의 별 중 자신은 몇 개의 별을 얻어야 할지, 상대방은 몇 개 정도가 타당할지 물었다. 그 결과 경쟁, 비경쟁 양쪽 모두 성적이 좋은 아이가 나쁜 아이보다 많은 별을 받아야 한다고 생각하는 경향이 있었다. 어떤 의미에선 당연한 결과다. 주목할 만한 것은 성적이 좋은 아이와 나쁜 아이 간 보상의 차이가 경쟁 조건에서보다 두드러졌다는 것이다. 경쟁 조건에서는 이기면 필요 이상으로 자신을 훌륭하게 생각하고 자신에게 많은 상을 부여한다. 그리고 진 아이들에 대한 보상을 아주 적게 책정하고 가치 또한 매우 낮게 평가하는 것이다. 그럼 자신이 졌을 때는 어땠을까? 이때도 자신에게 아주 작은 상을 주었다. 이것은 자신의 능력 부족을 필요 이상으로 책망하는 경향을 보여주고 있다. 한 마디로, 결과에 따라 일희일비(一喜一悲)하는 것이다. 그러나 비경쟁 조건에서 이렇게 현격한 대조는 보이지 않았다.

여기에서 보이는 결과는 이후 연구에서도 반복적으로 확인되었다. 경쟁이 강조되는 상황에서 인간은 결과 지향적이 된다는 것을 잘 알 수 있다. 게다가 이 결과는 자신의 의지로 바꾸기 어려운 '능력'이나

숨은 붙어 있으니 살아야겠고

'운'에 의해 결정된다고 생각하게 되는 것이다. 이런 의미에서 경쟁을 강조하는 상황은 효능감은커녕 무기력을 낳기 쉬운 요소를 많이 내포하고 있다. 3장에서 살펴본 드웩의 실험을 떠올려보자. 실패의 원인을 자신의 능력 부족 탓으로 여기는 경향이 있는 사람은 작은 실패에도 곧바로 '무기력'에 빠지기 쉽다는 사실이 분명하게 드러났다. 에임즈는 자신의 실험 결과에 근거하여 경쟁을 '기본적으로 실패 지향 시스템'이라고까지 이야기했다. 경쟁적 상황에서 승자는 이김으로써 점점 더 자신의 훌륭함에 취하고 패자는 한층 더 자기비하가 심해진다. 따라서 승자가 실패를 겪게 될 때의 실의와 낙담은 한층 두드러진다. 또한 경쟁적 상황에서는 관련된 사람들이 서로 우호적일 수 없다. 이것도 반복된 실험에서 확인된 사실임을 밝혀둔다.

이러한 상황을 살펴보면 경쟁을 강조하는 분위기는 타인과의 교류를 통해 효능감을 기르는 환경으로 바람직하지 않다.

동료끼리의 상호 가르침과 효능감

비경쟁적인 환경에서는 어떤 관계가 효능감의 원천이 될까? 이 질문에 직접 답한 실험적 증거는 앞서 서술한 이유들로 많이 찾아볼 수는 없지만 간접적인 것까지 포함하면 아예 없는 것은 아니다.

그중 하나는 동료끼리 서로 가르쳐주는 관계일 것이다. 동료 중 잘하는 사람이 못하는 사람을 가르친다. 혹은 선배가 후배를 가르친다.

미국에서는 학교 교육에 아이들끼리 서로 가르쳐주거나 상급생이 하급생을 가르쳐주는 프로그램을 도입했다. 여기서 주목해야 할 것은 '서로 가르친다'는 것은 가르치는 자에게 자신감이나 스스로에 대한 긍정적 이미지를 발달·촉진시킨다는 점이다.

예를 들어, 리핏(R. Lippitt)의 '다른 연령 간 서로 가르치기 프로젝트'가 있다. 일주일에 3~4회, 상급생이 하급생을 가르치는 시간을 가졌다. 이것은 단순히 초등학교 고학년생이 저학년생을 가르치는 것만 말하는 것이 아니다. 중학생이 초등학교 고학년생을 가르치고, 고등학생이 중학생이나 초등학생을 가르치는 것도 시도해보았다. 여기서 가르치는 입장이 된 아이들을 면접해본 결과, 자신에 대한 자신감이나 자존심이 높아졌음을 알게 되었다. 게다가 리핏 방식에 의해 체계적으로 학교 교육에 도입한 사례 연구에서는 서로 가르치는 행위가 가르치는 아이의 자신에 대한 긍정적 견해를 강화시켰음을 확인할 수 있었다.

효능감의 중심에는 자신에 대한 긍정적 견해가 있다. 효능감을 갖기 위해서는 '노력하면 사태를 개선시킬 수 있을 것 같다'는 예상이 전제가 된다는 의미에서다. 그렇다면 이 결과는 친구끼리 서로 가르쳐주는 것이, 특히 가르치는 입장에 있는 아이의 효능감을 높이는 증거라고 생각할 수 있을 것이다. 리핏은 지금 언급된 프로젝트의 경험에서처럼 서로 가르쳐주는 행위가 가르치는 입장의 아이에게 주는 이점의 하나로 '자신이 타인에게 영향력 있고 감사받고 필요로 하는 존재라고 느끼는 기회를 주는 것'이라는 점을 들고 있다. 가르침을 받는 상대방으로부터 감사와 존경을, 동시에 '다른 사람에게 내가 도움이 되었다'는 가르치는 입장의 내적 만족이 자신에 대한 긍정적 견해 형성에 기여했다고 해석할 수 있다.

협력학습과 효능감

하나의 목표 달성을 위해 동료끼리 서로 협동하는 것도 효능감을 형성하는 관계의 형태로 생각해볼 수 있다. 이른바 협력학습이다.

데이비드 존슨(D. W. Johnson)*은 학교 교육에서 집단 토론을 포함한 협력학습의 의의를 연구하고 있다. 협력학습이 유발하는 여러 가지 긍정적인 효과를 발견한 예를 몇 가지 들어본다.

먼저 소개할 예는 초등학교 5학년 아이들 30명을 대상으로 한 실험이다. 아이들은《문장의 이해와 사용》이라는 책의 일부분을 사용해 언어의 기술을 학습했다. 이것은 문장의 기본 구조와 좋은 문장 쓰는 방법 등을 가르치는 것이다. 이 '특별학습'을 할 때 30명의 아이들을 다음의 두 가지 실험 조건으로 나누었다.

첫 번째 협력학습 조건에서는 여러 능력을 가진 아이들이 4인 1조가 되어 소집단을 구성해 학습하도록 했다. 교사가 낸 과제를 모두 협력해서 하나의 '답안'을 써내도록 했다. 두 번째 개별학습 조건의 아이들은 혼자서 학습하도록 하고 '답안'도 각자 써내도록 했다.

먼저 30명 전원이 그날 받은 교재의 내용을 이해하게 한다. 이어서 실험 조건별로 두 집단을 나누고 교사가 낸 과제를 학습하게 한다, 이런 순서로 17일간에 걸쳐 '특별학습'이 이루어졌다. 1회 시간은 45분에서 60분 정도였다.

협력학습 조건에서는 친구들끼리 적극적으로 아이디어나 의견을 서로 낼 수 있게 장려했다. 또한 문제를 풀다 막히는 경우에도 가능한 한 선생님께 의존하지 말고 자기들끼리 해결하도록 했다. 실제로 학생들을 소집단으로 나누어 학습하게 할 때는 친구끼리 서로 적극적으로 의견을 주고받는 것이 관찰되었다.

이렇게 17일간의 '특별학습'을 마친 후, 질문지를 통해 학생들의 여러 가지 감상을 묻거나 테스트를 시행했다. 그 결과, 다음의 사실을 알 수 있었다. 협력학습 조건의 아이들은 개별학습 조건의 아이들에 비해 친구들이 자신을 좋아한다고 생각한다는 답변이 많았다. '친구들은 내 공부를 기꺼이 도와주는 고마운 존재'라고 느끼는 경우가 많았다. 또한 '이런 학습 방법이 좋다'고 느끼는 학습 장면에서의 바람직한 요소도 협력학습 조건의 아이들이 보다 높았다. 한 가지 더 주목할 점은 협력학습 조건의 아이들이 개인 학습 조건의 아이들에 비해 이타적 행동의 징후를 보다 많이 보인다는 점이었다. 면접 조사에서 네 가지 가설적 선택 장면을 제시하고 거기에서 어떤 행동을 고르는지를 살펴보았는데 자기 이익만을 생각하지 않고 상대방도 생각하려 했고, 경우에 따라서는 자신의 이익보다 상대방을 위하는 경향이 이러한 협력학습을 통해 발휘되는 것 같았다.

존슨의 다른 연구에서는 더 여러 가지 조사 방법을 이용해 협력

숨은 붙어 있으니 살아야겠고

학습의 효과를 비교해보았다. 예를 들어, 50일 동안 앞서 기술한 순서로 수학 공부를 시켰다. 그러자 협력학습을 통해 자신감이 증가했음이 드러났다. '나는 학교에서 공부를 잘하고 있다'는 확신을 갖는 경우가 많았다. 또한 자신의 '인생을 좌우하는 것은 운이 아니'라고 생각하는 경향이나 '열심히 공부하면 결국 실력도 붙는다'는 사고방식도 협력학습을 통해 발달하기 쉬운 것으로 나타났다.

목표를 공유함으로써 각자 적극적으로 의견을 내고 검토하는, 친구나 동료끼리의 이와 같은 교류 관계가 상대방에게 자신이 인정받고 있다는 실감을 유발하는 것이다. 또한 자신은 혼자가 아니며 '내가 힘들 때 도와줄 친구가 있다'는 생각도 하게 되면서 존재감이나 자신감도 더 강화된다. 게다가 흥미로운 점은 협력학습을 통해서 타인을 위해 최선을 다하려는 마음도 자란다는 것이다. 사명감이나 봉사 정신 또한 이러한 '공헌하는 기쁨'을 통해 신장되는지도 모른다.

어느 쪽이든 서로 가르치거나 협력하는 일이 효능감 형성에 기여함이 실증적으로도 어느 정도 확인되었다고 할 수 있다. 자신이 상대방에게 필요한 존재라고 느끼고 내가 한 일이 상대방에게 도움이 되어 감사의 인사를 듣게 되는 등의 자신의 행동에 대한 이와 같은 강렬한 반응과 보람은 물리적인 상호 자극 관계에서는 얻기 힘들다. 자신과 같은 동료인 타인과의 관계를 통해서만 얻을 수 있다고 말할 수 있다. 노인에 관해서도 마찬가지다. 가족 관계 속에서 얻게 된 체험으로 '나는 아직 젊은이들에게 영향력이 있다', '아직도 이 집안은 내가 없으면 아무것도 안 된다'와 같은 생각들이 치매 노인을 생기 있게 만들어 증상을 크게 개선하는 데 도움이 되었다는 보고가 있을 정도다. 인간에게 있어 타인과의 따뜻한 관계는 효능감의 원천으로서 지극히 중요하다.

타인의 존재는 효능감을 증폭시킨다

타인은 효능감의 원천으로서 중요할 뿐만 아니라 타인과의 관계는 대인적 장면이 아닌 경우에도 효능감을 증폭시키는 역할을 한다. 타인이 자신의 기쁨에 공감해주는 것은 그중 한 형태라 할 수 있다.

예를 들어, 자신이 발견한 지식이나 이에 동반한 감격을 누군가, 그것도 자신이 좋아하는 사람과 공유하고자 하는 것은 자주 있는 일이다. 2장에서 살펴본 덜그럭거리는 소리의 원인을 자신의 힘으로 찾아낸 여자아이의 예를 떠올려보자. 그 아이는 자신의 '발견'을 공유하고자 만면에 미소를 띠고 곁에 있는 엄마를 돌아보았다. 아마도 엄마와의 공감은 이 아이의 기쁨을 배가시켰을 것이다.

공감까지는 못해도 같은 활동을 하는 집단이라면 더 즐겁게 느끼는 현상, 이것도 타인과의 관계가 효능감을 증폭시키는 좋은 예시라고 할 수 있다.

모토요시 마토코(本吉圓子)는 보육원의 아동들에 대해 이런 예를 보고하고 있다. 뜀틀을 뛰고 싶어 하는 남자아이가 있는데 뜀틀은 보육원에 단 한 대밖에 없었다. 게다가 뜀틀은 아이들에게 인기가 있어 언제나 순번을 기다리느라 긴 줄이 생겨났다. 어느 날 아침, 이 아이는 일찍 보육원에 나왔고 뜀틀 주변에는 아무도 없었다. 아이는 혼자서 뜀틀을 하다가 5분도 채 지나지 않아 그만둬버렸다. 잠시 후, 모든 아이들이 등원을 하고 뜀틀 뒤에 다시 긴 줄이 생기자 그 아이는 다시 행렬에 끼어 기다린 뒤 한 시간 가까이 즐거운 듯, 그것도 아주 흥겹게 놀았다. 혼자였을 때는 기다릴 필요도 없이 실컷 놀았을 텐데 왜 조금 전에는 곧바로 그만둔 것일까? 이 질문에 대한 답변은 "혼자 놀면 재미가 없잖아요"였다고 한다.

같은 활동이라도 집단 속에서 친구들끼리 함께함으로써 즐거움이 늘어나고 활동도 지속된다. 앞선 예는 이러한 사실을 잘 나타내고 있다. 아이들이 자발적으로 집단에 끼어 노는 것을 주의 깊게 살펴보면 무엇이 우스운지 사소한 일로도 "와~"하고 웃음이 터지는 것을 흔히 볼 수 있다.

혼자서 과제를 하는 것보다 친구와 협력해서 하는 편이 '즐겁다'고 느끼는 경향이 있음을 보고하는 연구도 있다. 여기서는 고등학생이 혼자 철자 바꾸기 과제를 하는 경우와 둘이서 의논해가며 푸는 경우를 비교했다. 결과는 둘이서 협력할 때 이 상황을 즐겁게 평가하는 경우가 훨씬 많았다.

이 장에서 살펴보듯, 인간이란 혼자서는 생기발랄하고 충만하게 살아가기 힘든 존재다. 친구와 동료들과 어울려 서로 따뜻하고 기탄없이 교류하는 가운데 효능감도 커지고 더 강해지는 것이다. 친구와의 교류를 통해서 친구를 위해 최선을 다하고 싶고 도움이 되고 싶다는 마음 또한 자라게 된다. 그리고 결국 친구를 위하는 것이 오히려 자신을 살리는 일임을 느끼게 되는 것이다. 자신이 다른 사람에게 도움이 되지 않는다고 느낄 때야말로 무기력을 통감할 때다. 주변에서 흔히 볼 수 있는 '은퇴하고 화초나 돌보며 할 일 없이 지내게 되자 금세 노인이 되어버렸다'는 한탄의 의미를 우리는 좀 더 생각해보아야 할 것이다.

숨은 붙어 있으니 살아야겠고

6장

숙달과
보람

목표를 달성한 것만으로는 효능감이 생기지 않는다

효능감이란 자신의 노력으로 환경이나 자신에게 바람직한 변화를 가져올 수 있다고 하는 견해나 자신감이 중심이 되어 있다. 그렇기에 오랜 기간 노력해서 목표를 달성했을 때 효능감은 가장 강해진다. 그러나 어렸을 때부터 목표로 해온 유명 대학에 원하는 대로 합격했다고 해도, 그리고 부모나 친구가 이를 같이 기뻐해 주어도, 그것이 당장 효능감을 갖게 한다고는 단정할 수 없다. 분명 자신에게 그것은 성공을 의미하고 그런 의미로는 일정한 만족감을 갖게 할 것이다. 일시적으로는 '해냈다!' 하며 우쭐해지는 경우도 많을 것이다. 그럼에도 '노력만 하면 반드시 된다'는 확신이 들고, 하물며 그로 인해 보다 활기차고 즐거운 나날을 보낼 수 있다고 단언할 수는 없다. 실제로 어렵게 대학에 들어갔지만 하고 싶은 일, 보람 있는 일을 찾으려 하지도 않고 '무기력'에 빠져드는 사람들은 놀랄 정도로 많다.

도대체 그 이유는 무엇일까?

두 가지를 생각해볼 수 있다.

첫 번째는 그의 목표달성이 '타인'의 판단, 그것도 합격과 불합격이라는 큰 이분법적 판단에 좌우되는 것으로 자신이 얼마나 성장했는지, 어떤 것을 능숙하게 잘하게 됐는지 뚜렷하게 실감하지 못하는 것이다. 자기향상에 동반한 내적 충실감이 없는 성공이란 외적 보수에 지나지 않기 때문에 자율감 또한 쉽게 상실한다. 이것이 효능감을 저하시킨다는 것은 이미 4장에서 설명했다. 이럴 때, 가족이나 친구가 기뻐해주는 일은 오히려 역효과가 되는 경우도 있다.

두 번째 가능성은 자기향상의 실감은 있지만 그것이 자신에게 가치 있는 성장이나 숙달(련)이 아닌 경우가 있을 것이다. 몇 년 동안 수험 준비에 매진했다면 '시험공부'에 관해서는 나름대로 실력이 붙었다고 느낄 것이다. 그러나 그의 원래 목표는 시험에 합격하는 것이므로 '공부 실력이 늘었다'는 것 자체가 충분한 내적 만족을 주지는 않는다. 즉, 공부 실력 자체만으로는 자신에게 진짜 '바람직한' 변화를 이뤘다고는 볼 수 없기 때문에 진정한 효능감은 생기지 않는다.

이러한 예들을 보면 알 수 있듯이 효능감을 발달시키기 위해서는 지금까지 고찰해온 것에 더해 두 가지 조건이 더 필요하다. 하나는 스스로 자기향상을 실감할 수 있어야 한다. 향상의 판단 기준이 외부에 있는 한, 성공의 기쁨도 기껏해야 일시적인 것일 뿐이다. 그것만으로는 좀처럼 의욕적인 삶으로 이끌어 주지 못한다. 또 한 가지는 자기 향상이 자신에게 가치 있고 진정으로 '좋아하는' 것이어야만 한다는 점이다.

이 장에서는 이러한 조건들을 살펴보자.

숙달에 따른 평가의 자율성

어떻게 해야 스스로 자기향상을 실감할 수 있을까? 자신의 활동이나 목표 달성을 평가하기 위한 구조는 어떻게 만들어지는 것일까? 유감스럽게도 지금은 이 질문에 직접 답할 수 있는 증거란 거의 없다. 그러나 숙달, 즉 숙달자가 되어가는 과정에 대해서는 최근의 모든 연구가들에게 간접적인 답변을 이끌어내는 것이 가능할 것 같다.

숙달자와 초심자를 비교해보면 많은 차이가 눈에 띈다. 우리는 특히 숙달자의 능수능란한 '손놀림'과 훌륭한 결과물에 시선을 빼앗긴다. 능숙한 장인의 솜씨는 보고 있으면 절로 기분이 좋아진다. 피아니스트의 손가락이 건반 위를 날아다니는 모습이나 야구선수가 공을 던지는 무시무시한 속도에는 그저 놀랄 수밖에 없다.

그러나 숙달자의 행동을 잘 보면 그들이 그저 강한 근육을 활용해서 다른 조직과 협동해 재빠르게 움직이는 것만은 아님을 알 수 있다. 무엇보다도 먼저 신속하고 정확한 판단이야말로 그들을 초심자와 구별 짓게 만드는 결정 요소임을 깨닫게 된다. 숙달된 투수가 되기 위해서는 그저 빠른 공을 던지기만 해서는 안 되고 여러 타자의 자세나 표정으로 그 선수의 의도를 읽어내고 타구가 빗나가도록 노려 적절한 공을 던질 수 있어야 한다. 즉, 자신이 할 수 있는 범위의 활약 중에서 가장 효과적인 것을 즉시 골라서 실행할 수 있는 능력이 요구된다.

심리학자는 숙달자의 정확한 판단은 결국 그들이 그 분야에서 잘 구조화된 지식을 지니고 있고 그것을 능숙하게 이용하기 때문이라고 생각한다. 이 지식의 구조는 스키마(schema, 대상, 사건, 상황을 파악하는 데 사용되는 기존 개념들과 지식으로 '도식'이라고도 한다 — 감수자)라고 한다.

스키마는 어떤 의미로는 복잡한 식순과 같은 것으로, 상황을 주시하고 있다가 다음 행동을 결정할 때 그 행동 배경으로 작용하는 면이 있다. 동시에 이 스키마를 사용해 나와 타인의 행동을 인지하고, 의미를 부여하고, 기억하고, 평가한다. 그런 의미로 스키마는 사람들의 행동을 파악하는 틀이 되기도 한다.

심리학자는 이 지식의 구조, 즉 스키마가 지적 활동 분야에서 하는 역할을 여러 가지로 연구해왔다. 예를 들어, 스키마가 발달한 분야에서 우리의 기억은 훨씬 뛰어나게 된다. 전문 기사는 바둑 대국이 끝난 후 거의 모든 바둑알의 움직임을 완전히 재현할 수 있다고 한다. 피아니스트도 두 시간 동안 악보를 보지 않고 연주할 수 있다. 새로운 곡을 만났을 때도 불과 몇 번만 반복해서 연주하면 완전히 외워 버리는 사람도 있다고 한다. 그렇다고 이들이 원래 어떤 분야에든 뛰어난 기억력을 가진 사람들이냐고 하면 결코 그렇지 않다. 다시 말해 그들의 놀라울 만한 기억력은 그 분야에만 한정적으로 발달된 스키마 덕분이라 할 수 있다.

직접적인 증거는 없지만 스키마의 발달은 사람들의 의욕에도 큰 변화를 끼친다고 생각한다. 발달된 스키마는 기회가 있을 때마다 그에 부합한 행동을 이끌어낸다. 또한 자신이나 타인의 행동과 그 결과를 스키마에 따라 평가하게 된다. 그래야 사람들이 외부 자극이나 평가에 덜 의존하게 되는 행동의 변화를 이끌어내기 때문이다.

아마도 솜씨 좋은 장인은 자신의 일을 나름대로 평가하고 내적 만족을 찾을 것이다. 완성작이 좋은지 안 좋은지는 자신이 가장 잘 알고 있다. 그 작업이 나름대로 만족스러운지 어떤지가 그의 행동을 조율하는 가장 중요한 요소가 된다. 아무리 돈을 많이 준다고 해도 자기 마음에 들지 않는 일은 하고 싶지 않다는 장인 기질도 여기에서 기인한 것이리라.

예술가나 스포츠 선수도 마찬가지다. 야구 투수가 "오늘 점수를 뺏기진 않았지만, 나로서는 만족할 수 없는 경기였다"고 말하는 것을 자주 듣는데 이것은 결코 겸손해서 그런 것만은 아니다. 숙달된 선수는 자기 성과를 자신의 스키마에 따라 판단할 수 있기 때문이다.

게다가 스키마가 발달하면 이것저것 판단을 고민하는 일은 거의 없다. 솜씨 좋은 장인은 재료만 살피고도 그 자리에서 바로 해야 할 일을 안다. 예를 들어, 베테랑 정원사는 나무가 '이렇게 잘라달라'고 해서 자신은 그 나무의 요구대로 잘랐을 뿐이라는 이야기를 자주 한다. 언젠가 어느 우동 장인에게 "우동 반죽이 원하는 방향으로 반죽하는 것이 가장 맛있는 우동을 만드는 비결"이라는 이야기를 들은 적이 있다. 이것은 결국 스키마가 거의 자동적이고 적절하게 작동하기 때문이다.

이렇게 되면 외적 성공이나 실패, 타인의 평가에 일희일비할 일도 없어지게 된다. 자신 있는 요리사는 자신에게 만족스러운 요리가 손님 마음에 들지 않는다 해도 그것은 요리가 잘못된 것이 아니라 손님에게 이 요리를 즐길 만한 미각이 없는 탓이라고 주장할지도 모른다. 예술가의 창작에 대한 경우도 그의 생전에는 좋은 평가를 받지 못하다가 사후에야 비로소 그 가치를 인정받는 경우가 드물지 않다. 그렇긴 하지만 예술가가 자기만족 없이 '세상에 받아들여질 만한 것'을 만들려고 하는 경우는 많지 않다. 스포츠맨이 자신의 체력이나 기술을 다 쏟아부었을 때 느끼는 만족감은 승패에서 얻을 수 있는 것 이상일 것이다.

물론 스키마는 여러 가지 경험을 하게 되면서 변해가는 것이기 때문에 이런 사람들이 독선적이라는 말은 아니다. 스키마는 간접적으로는 여러 사람들의 평가를 받아들여 변화해가는 것이다.

그러나 숙달자 사이에서는 자신의 행동이나 그에 따른 결과에 대한 평가는 무엇보다 우선적으로 스키마에 따른 것이며 따라서 그에게 가장 의미 있는 평가는 스키마에 따라 내적으로 수용할 수 있는 평가라고 말한다. 이렇게 되면 그의 행동에서 예전에는 볼 수 없었던 올바름에 대한 확신과 자율성이 보이게 된다.

동시에 스키마라는 틀을 통해 스스로 힘이 생겼다고 느끼는 내적 감각과 만족을 얻을 수 있게 된다. 이것이야말로 실로 큰 효능감의 원천이 되는 경우가 많을 것이다. 왜냐하면 한편으로는 본인이 얼마나 많은 노력과 시간을 들였는지, 얼마나 이 분야에서 많은 활동을 해왔는지를 잘 알고 있고, 게다가 실력까지 붙었다는 사실이 실감된다면 이는 자신의 노력에 의해 스스로를 바람직한 방향으로 이끌었다는 만족감으로 이어지기 쉽기 때문이다.

단, 스키마가 내적 만족의 원천으로서 충분히 작동하지 못하는 경우도 있다. 사람이 오로지 타인의 판단에 의해 유지되는 외적 성공만을 목표로 하고 활동이나 숙달을 단순히 외적 성공을 위한 수단으로만 여길 때, 스키마에 따른 자기평가는 무의미해지기 때문이다. 외적 성공이나 실패가 자기평가와 엇갈릴 때마다 스키마에 근거한 평가는 '불신'이 깊어진다. 이것이 반복되면 스키마는 평가 기능을 잃게 되거나 아예 왜곡되는 일도 생긴다.

세속적 성공인 '인기'와 스키마에 근거한 내적 평가를 만족시키는 '예술적 자아'와의 갈등은 예능계 스타들에게도 자주 언급된다. 우리는 외적 성공과 내적 만족의 추구가 양립되지 못하는 경우를 주변에서 자주 볼 수 있다. 이 이야기는 9장에서 다시 이어가도록 하자.

끈질긴 근성이 숙달자로 이끈다

심리학자는 '누구나 어느 분야에서 숙달자가 될 수 있다'고 생각한다. 물론 이는 누구나 연주만 하며 살아가는 전문 피아니스트가 될 수 있다는 의미는 아니다. 프로야구 선수가 될 수 있는 사람은 한정되어 있다는 것도 사실이다. 그러나 자기행동이나 그 결과를 자기 나름의 내적인 틀에서 평가할 수 있도록 스키마를 발달시킬 수 있다는 의미라면 누구나 전문가가 될 수 있다.

물론 숙달자가 되기 위해서는 많은 노력이 필요하다. 우리는 반농담 삼아 다양한 분야에서 한 사람이 전문가가 되기 위해 시간이 얼마나 필요한지에 대해 자주 이야기한다. 심리학적 상식에서 보자면 능숙하게 될 때까지는 500시간, 1,500시간, 5,000시간 내지는 1만 시간이라는 세 가지 벽이 있는 것 같다. 물론 이 시간은 대략적인 기준에 지나지 않는다. 처음의 500시간은 초심자 단계다. 영어회화도 500시간은 배워야 겨우 초보 단계를 졸업한다고 하고, 꽃꽂이도 초보 단계를 졸업하려면 500시간은 필요하다고 한다. 1,500시간 정도를 들이면 초보자치고는 상당히 잘 하는 편에 속하게 된다. 피아노를 1,500시간 치는 사람은 아마추어지만 남들 앞에서 피아노를 연주할 수 있을지도 모른다. 영어회화도 1,500시간을 넘는 순간부터 급속히 발전하는 사람들이 많다. 그러나 진정한 의미에서 전문가가 된다는 것, 즉 내적 평가의 틀이 완성되기 위해서는 적어도 5,000시간에서 1만 시간이 필요하다고 한다.

이것은 대단히 흥미로운 의미를 가진다. 즉, 한 가지 뛰어난 재주가 있다면 이를 위해 5,000시간에서 1만 시간을 투자해야 한다. 초심자를 졸업하는 정도로 만족한다면 이 시간 동안 열 가지 분야, 혹은 스무 가지 분야에서 초보자를 벗어날 정도의 수준은 된다는 이야기

숨은 붙어 있으니 살아야겠고

이다. 반대로 말하자면 숙달자가 되기 위해서는 정말 많은 것들을 희생하지 않으면 안 된다. 그러나 반면에 한 분야에 1만 시간의 시간과 노력을 쏟는다면 일단 틀림없이 그 분야의 숙달자가 될 수는 있다.

이를 위해서는 일반적으로 끈질긴 근성과 자발성이 필요하다. 예외적으로 생활상의 필요나 주위의 권유로 5,000시간 정도를 연습하면 숙달자가 되고 그 뒤에는 스스로 재미가 붙어 계속하는 경우도 있는 듯하다. 그러나 보통은 자발적으로 시작하고 끈질기게 매달리지 않으면 숙달자가 되지 못한다. 반대로, 이 두 가지 조건이 충족되면 누구라도 대부분의 분야에서 숙달자가 될 수 있다.

숙달과 자아 기능

그렇다면, 한 분야에 뛰어들어 많은 노력과 시간을 투자해서 누구라도 숙달자가 된다면 한 사람 한 사람이 숙달자가 될 수 있는 분야는 많다는 말이 된다. 그럼 어떤 분야에서의 숙달이 자신에게 '가치 있고', '바람직한' 것일까? 다시 말해서 그로 인해 효능감을 유발시킬 수 있을까?

지금의 심리학에서는 이 질문에 충분히 만족할 만한 답변을 내놓을 수 없다. 그러나 나는 일단 이렇게 생각한다.

일반적으로 여러 가지 일을 겪고, 다른 사람들과 어울려 살아가는 과정에서 사람들은 자신에 대한 존재 의미를 질문하게 되고 그에 대한 답을 찾아간다고 생각한다. 마키 유스케(真木悠介)[*]의 표현에 따르면 그 과정에서 사람들의 실존적인 욕구가 나타나게 된다고 할 수 있다. 마키가 말했듯이 사람들의 실존적 욕구가 창조와 사랑, 그리고 자기통합이라는 세 가지 양상이라고 한다면 이것을 유발하는 숙달 과정이야말로 사람에게 있어 가장 바람직한 것이리라.

먼저 창조의 면에서 살펴보자. 자기를 가치 있는 존재로 확인할 수 있는 근거는 결국 자기다운 무언가를 만들어 내는 만족감이다. 장인 기질인 경우에 이러한 만족감을 실현할 수 있는 가능성이 크다는 사실은 이미 이야기했다. 또한 과학이나 예술, 스포츠 등의 경우에도 자기 나름대로 자기다운 무언가를 만든다는 만족감을 얻는 경우가 많을 것이다. 이는 결코 그 결과가 경제적으로 자신에게 귀속된다는 의미가 아니다. 자신의 활동이나 그 결과가 자신의 창조물이라는 느낌이 들면 우선 첫 번째 욕구는 충족된 것이다.

두 번째로 사랑에 의한 자기실현이라는, 가장 넓은 의미로는 타자와의 따뜻한 교류, 다른 이들에게 도움이 될 수 있다는 만족에 근거한 것이다. 따라서 자신의 숙달이 타인에게 어떤 식으로든 긍정적 의미를 지닌다고 느껴진다면 사랑에 의한 두 번째 장은 바람직한 숙달 분야라고 할 수 있다. '다른 사람들'이라고 한 마디로 말하고 있지만 사실은 근처의 단골손님일 수도 있고, 같은 인류일 수도 있고 그 내용은 여러 가지일 것이다. 물론 여기에서 사랑은 칭찬이나 감사와 같은 말은 아니다. 그것은 창조가 유발한 경제적 보수가 곧 창조를 의미하지 않는 것과 마찬가지다.

숨은 붙어 있으니 살아야겠고

세 번째로 자기통합이란 자신이 자신답게 존재하는 것이라고 할 수 있다. 무엇이 자기통합에 연결되는 것인지를 판단하는 것은 어려운 일이다. 자신의 취향이나 가치관이 단서는 되겠지만 그것이 절대적이지는 않기 때문이다.

그러나 역사상 여러 인물들 중에 자기실현화를 이루었다고 여겨지는 사람들의 전기를 분석한 매슬로우(A. Maslow)는 그들이 공통점을 가지면서도 다른 이와는 확연하게 구별되는 독특한 개성의 소유자라는 것을 지적하고 있다. 즉, 현저하게 그만의 개성이 그들의 성취 속에 배어나오고 있는 것이다. 숙달이 본인의 생활 의욕이나 성장과 어떤 관련이 있는지 관찰함으로써 자기통합으로 연결되는지, 아닌지를 판단하는 것도 어느 정도 가능할 것이다. 자기통합의 기준이 애매하다고 해서 이 개념 자체를 거부한다면 인간의 효능감에 대한 이해를 높일 수 없을 것이다.

덧붙이자면 자율감이 효능감 형성 조건이 된다고 하는 것도, 타인과의 따뜻한 교류가 효능감을 증폭시킨다는 것도 실존적 욕구의 충족과 관련된다고 볼 수 있다. 타인과의 따뜻한 교류가 공감이나 연대를 포함한 '사랑'의 측면과 대응하고 있음을 쉽게 수긍할 수 있을 것이다. 또한 자율감이 '어떤 것으로부터의 자유' 이상의 적극적인 가치를 지닌다는 것은 자신이 '나다운 모습'에 가까워지려고 하는 것, 즉 자기통합에 다가서고 있다는 것을 느낄 수 있기 때문이지 않을까? 그렇다면 효능감 문제를 인간의 실존적 욕구와 관련해 살펴보는 것이 앞으로는 더욱 더 필요해질 듯하다.

3

효능감을
키우기 위한 조건

7장
—
효능감을
기르려면

무기력을 막아주는 응답성

이 장에서는 관점을 돌려 효능감을 높이려면 어떻게 해야 좋을지 알아보자. 특히 효능감을 기르는 가정교육에 대해 두세 가지 시사점을 생각해보고자 한다.

가정교육에서 먼저 생각해볼 만한 것은 무기력을 느끼지 못하게 하는 것이다. 물론 이것만으로는 효능감을 기르기에 충분한 조건이라고 말할 수 없다. 무기력을 느낄만한 경험을 최대한 줄이고 안도감을 늘려도 효능감 형성에 이르지 못한 경우도 많다. 그러나 유소년기에 무기력이 일단 형성되어버리면 효능감을 키우는 데 큰 장애가 된다. 인간이란 원래 성인으로 성장하기까지 얼마든지 변모할 여지가 많은 존재지만 무기력으로부터 회복하는 데는 엄청난 노력이 필요하다.

무기력에 빠지는 것을 피하려면 어떻게 해야 좋을까?

먼저 생각해볼 수 있는 것은 셀리그만의 실험에서 보았듯이, 소위 고전적인 무기력을 초래하는 경험을 줄이는 것이다. 2장에서 살펴보았듯 아이들이 신체적인 불쾌함이나 생리적인 결핍을 호소한다면 어른이 이에 응답하여 해결해주면 된다. 응답성은 단순히 무기력에 빠지는 것을 막아줄 뿐만 아니라, 아이가 자신의 행동으로 주변 환경에 바람직한 변화를 가져왔다고 하는 자신감 형성에도 도움이 된다. 따라서 효능감을 기르는 의미에서는 이중적 효과를 얻는 셈이 된다. 여기에서 좋은 응답을 하기 위해서는 두 가지 측면에서 주의해야 한다.

하나는 타이밍의 문제다. 아이들이 나타내는 여러 가지 신호를 민감하게 알아채고 재빨리 반응해주어야 한다. 특히 기억이 지속되는 시간이 짧은 발달 초기에서는 이런 반응이 더욱 중요하다.

응답에서 또 하나의 중요한 측면은 아이들이 기대하는 방법으로 반응해주는 것이다. 배가 고플 때 젖을 먹이는 반응은 일견 명백해 보이지만 그 명백한 행위가 언제나 그리 간단한 것만은 아니다. 한 가지 예를 들어본다. 갓난아이는 보통 안아주면 좋아한다. 아이가 울면 울음을 그치게 하는 가장 효과적인 방법이 안아주는 것이라는 보고가 있을 정도다. 그러나 아이들 중에는 안기는 것을 좋아하지 않는 경우도 있다. 특히 활동 수준이 높은 아이들은 그런 경향이 있다. 이런 경우, 안아주는 것이 아닌 다른 방법으로 응답해줄 필요가 있다. 넓은 곳에서 자유롭게 움직이게 놔두거나 유모차에 태워 밖으로 데리고 나가면 된다. 따라서 아이들이 원하는 반응 양식으로 '응답'할

숨은 붙어 있으니 살아야겠고

수 있도록 주의할 필요가 있다.

아이들의 움직임에 대해 응답할 때 주의해야 할 사항이 하나 더 있다. 아이들의 요구에 지나칠 정도로 완벽하게 대응해서는 안 된다는 것이다. 이것은 특히 유아기 이후 언어 발달 단계에서 아이가 과제 달성을 위해 조언을 구할 때 중요해진다. 물론 아이의 요청을 무시하거나 적당히 얼버무려 그 순간을 모면하는 것은 바람직하지 않다. 그러나 처음부터 너무 완벽한 해결책을 제시하는 것도 생각해볼 문제다. 오히려 힌트나 방향성 정도의 응답 방식을 우선적으로 새겨두어야 할 것이다. 아이들이 자신이 가지고 있는 능력을 총동원하고 그 결과 '해냈다!', '됐다!'라고 생각할 수 있는 체험을 할 수 있게 해주어야 한다. '과한 가르침'은 좋은 체험의 기회를 빼앗는 일이 될지도 모르기 때문이다. 부모가 '열성 부모'일수록 이 조건을 무심코 깨버리는 경향이 있음을 명심해야 한다. 이런 의미에서 주변의 어른은 가능한 한 조언자나 공감자의 역할에 머무는 것이 좋다.

부모의 한마디에 기가 꺾이는 아이들

예를 들어, 아이가 엄마와 끊임없이 상호교류하는 문화적 전통이 있는 곳에서 아이의 반응에 대한 응답성은 비교적 높다고 할 수 있다. 그런 곳에서는 응답성의 중요성을 그리 강조할 필요가 없을지도 모르겠다.

그러나 이 경우, 아이를 무기력에 빠지지 않도록 부모의 배려 측면에서 주의해야 할 것이 있다. 아이의 실패나 대수롭지 않은 잘못에 대해 부적절한 부정적 표현을 사용하지 않는 일이다. 실패를 과도하게 일반화시키고 그것을 아이의 능력 부족 탓으로 돌리는 질책 방식은 3장에서도 살펴본 것처럼 아이를 곧잘 무기력에 빠지게 한다. 예를 들어 "넌 정말 굼뜬 아이구나", "뭘 해도 어쩜 그리 느린지!", "언니는 그렇게 잘하는데 넌 왜 늘 그 모양이냐?"와 같은 말은 아이에게 치명타가 될 수 있다.

이러한 발언의 배후에는 엄마가 욕구불만이 있는 경우도 생각해 볼 수 있다. 하루 종일 아이와 같이 있으면 점점 피곤해지고 아이에게만 매달려 있다 보면 화가 치밀게 된다. 그러면 자기도 모르게 아이에게 공격적인 태도를 취하게 되는 것이다.

그러나 더 일반적으로는 부모가 소위 일종의 친근감의 표현으로 아이에게 '험담'을 하는 경우다. 예를 들어, 일본 문화는 전통적으로 집안사람끼리는 서로 입 밖에 내어 칭찬하지 않는 경우가 많다. 부모 자식 간에도 친할수록 비아냥거리거나 놀리기 쉽다. 이때 아이가 이런 분위기를 충분히 잘 파악하고 있으면 특별히 나쁜 영향은 없을지도 모른다. 그러나 아이가 잠재적으로 자기 능력에 불안을 느끼고 있거나 열등감이 이미 작동하고 있는 경우에는 부모가 무심코 던진 한마디가 가슴을 찌르는 비수처럼 느껴지는 경우가 있다. 그래서 부모가 아이를 비평할 때는 세심한 주의가 필요하다.

더욱 미묘한 것은 부모가 직접 입 밖에 내어 비난하지 않아도 아

숨은 붙어 있으니 살아야겠고

이의 실패에 대한 부모의 감정이 무의식중에 아이에게서 원인을 찾으려고 하는 경향으로 전달된다는 점이다. 이 점에서 3장에서도 언급했던 캘리포니아대학 와이너의 연구는 흥미롭다. 그의 이전 연구에 따르면 실패했을 때 능력이 있는 사람은 그만큼 엄하게 벌을 받는 경향이 있다. 그런데 노력한 것을 알고 있을 때는 비교적 가벼운 체벌로 끝난다. 다시 말해서 우리는 능력 있는 사람이 실패했을 때, 충분히 능력이 있는데 왜 하지 않았느냐고 책망한다. 그러나 노력한 것을 알고 있는 경우에는 열심히 노력했어도 실패한 것이므로 어쩔 수 없었다고 생각한다는 것이다.

그의 연구는 이를 더욱 발전시켜, 실패했을 때 상대가 화를 내면 이것은 자신의 노력이 부족해서 실패한 탓으로 생각한다는 점을 밝혀냈다. 그런데 상대가 자신의 실패를 받아들이거나 동정하면 그 원인을 자신의 능력부족 탓으로 돌리는 경우가 많다는 결과를 보고하고 있다.

아이가 실패했을 때 많은 부모가 "넌 능력이 부족하니 어쩔 수 없지"라거나 "넌 어차피 안 되니까, 이제 그만 됐다"라고 말하지는 않을 것이다. 그러나 그런 의미를 담은 표정으로 은연중에 메시지를 전달하는 일은 있을 수 있다.

아이가 노력하면 할 수 있다고 느낄 때는 주저하지 말고 "네 실력으론 노력하면 더 좋은 성적을 올릴 수 있어!"라고 응원해주는 것이 좋다. 아이는 그 말에 힘을 얻어 부모가 자신의 능력을 낮게 평가하는 게 아니라는 사실을 알게 된다. 또한 일반적으로 부모의 평가는 아이 자신의 평가보다 타당한 경우가 많다고 생각하기 때문에 '노력하면 정말 될 것'이라고 생각하게 될지도 모른다.

하지만 실패했을 때의 질타는 위험성도 동반한다는 사실을 기억해야 한다. 부모의 질책이 격려가 되는 경우는 아이 스스로 노력하면 된다는 마음을 잠재적으로 가지고 있을 때뿐이다.

상대적으로 아이가 부모는 언제나 자신을 과대평가한다고 느끼면 그에 대한 반발로 자신의 '가망 없음'을 더욱 강조하려 할지도 모른다. 다시 말해 아이는 부모의 체벌로부터 도망치기 위해 필요 이상으로 자신의 능력 부족을 부모에게 강조할지도 모른다. 실제로 부모란 자식에게 자칫 과대한 기대를 갖는 존재이기에 이러한 점을 명심하지 않으면 아이의 실패에 대한 '질책'이 이처럼 역효과를 내는 경우도 있다.

와이너의 연구에서 교육적 시사를 유추할 때 한 가지 더 주의해야 할 것은, 이 연구 결과 자체가 미국의 '능력주의' 문화의 영향을 강하게 받았다는 점이다.

부모를 포함한 타인이 자신의 능력을 어떻게 평가하고 있는지에 대해 끊임없이 민감해지는 것 자체가 이미 능력주의에 물들어 있다고 할 수 있다. 이는 결코 바람직한 분위기라고 할 수 없다. 그저 부모가 아이의 성장을 진정으로 기뻐하는 분위기에서, 부모의 비평이 실패에 대한 아이의 자기평가를 도와주는 하나의 정보로 받아들여진다면 그 폐해는 최소화될 것이다.

생활 속 숙달의 기회

아이의 발달에 관심을 갖는 부모라면 앞에서 살펴보았듯, 아이를 무기력에 빠뜨리는 경험을 피하게 만드는 일은 그리 어렵지 않다. 그러나 그것만으로 효능감을 기르는 데는 충분하지 않음을 이미 여러 번 강조했다. 효능감은 자신의 노력으로 바람직한 변화를 유발했다는 사실만으로는 커지지 않는다. '이것이야말로 하고 싶은 일'이라고 생각되는 활동이나 목표를 선택해 거기에서 자기향상이 실현되고 나서야 비로소 진정한 효능감은 획득되기 때문이다.

그럼 부모는 어떻게 자녀를 도울 수 있을까? 사실 이것도 그리 어려운 문제가 아니다. 화이트가 정확히 지적했듯이 고등동물은 원래 환경에 능동적으로 대처하고 스스로 유능함을 기르려는 경향이 있다. 아직 관리 사회에 얽매이지 않고 또한 무기력에도 오염되지 않은 아이들에게 이런 경향은 더 많기 때문이다.

아이들은 생활 속에서 자연스럽게 바람직한 특성을 많이 발달시킨다. 효능감을 기르려면 무언가 특별한 것을 해야 한다고 생각할지도 모르지만 실은 아이들의 생활 속에는 효능감을 기르기에 알맞은 과제가 주변에 끝없이 널려 있다.

숙달의 예를 들어보자.

숙달을 통해 아이는 노력의 의미를 깨닫게 되고, 그 노력을 자신에게 의미 있는 분야로 연결시키기 위해 또 배워나갈 것이다. 그러나 생활 속에서 숙달은 결코 훈련의 형태가 아니다. 숙달의 기회는 아이가 흥미를 갖고 몰두하고 싶어 하는 다양한 기회에 있다.

예를 들어, 아이가 "자전거가 타고 싶다"고 말을 꺼내기 시작했다고 하자. 그러면 부모는 세발자전거를 타라고 할 것이다. 그런데 세발자전거로 한동안 만족하던 아이가 머지않아 두발자전거를 타고 싶다고 한다. "두발자전거가 아니면 속도가 나지 않아요", "두발 자전거가 아니면 친구들과 같이 탈 수가 없어요"라는 이유를 대면서 말이다. 그러나 가장 큰 이유는 따로 있다. 세발자전거는 너무 안전하고 쉬워서 재미가 없다는 것이다. 두발자전거를 원하는 아이의 요청에 못 이겨 부모는 넘어질 것을 걱정하면서도 보조 바퀴를 단다는 조건하에 마지못해 승낙한다. 아이는 잠시 보조 바퀴를 단 자전거를 타지만 곧바로 다시 보조 바퀴를 떼어 달라고 조른다. 이유는 그저 보기 싫어서만은 아니다. 보조 바퀴가 달려 있으니 너무 쉬워서 재미가 없다는 것이다. 이렇게 아이의 기술과 능력이 진보해가면서 내적으로 좀 더 어려운 과제에 흥미를 갖게 된다. 조건만 갖춰지게 되면 나머지는 그냥 내버려 두어도 숙달된다고까지 말할 수 있을지도 모른다. 주의해야 할 것은 오히려 부모가 제동을 거는 역할이 되기 십상이라는 점이다.

한 가지 더 중요한 것은 아이의 생활 속에는 여러 가지 숙달의 본보기가 있다는 사실이다. 두 다리로 걷는다는 단순한 행위조차 본보기가 없으면 시도할 마음조차 생기지 않았을지도 모른다. 늑대들 사이에서 성장한 아이가 두 다리로 걷지 않았다는 사실은 유명한 이야기다.

본보기가 없다면 부모는 아이들을 가르치고 훈련시키는 일로 매일을 바쁘게 보내야 할 것이다. 그러나 아이들이 자연스럽게 자라는 동안 생활 속에서 다양한 숙달의 본보기를 마주하게 되고 그 속에서 자신의 발달 수준과 생활의 필요상 더 적절한 과제를 스스로 고르는 것이다.

본보기가 중요하다고 해서 부모가 본보기를 강요하려 해도 잘 되지 않는 경우가 많다. "부모의 좋지 않은 버릇은 잘도 배우는데 말이죠"라며 아이들 행동에 쓴웃음을 짓게 되는 경우도 적지 않다. 특히 "형을 본받아라"거나 "옆집 아이는 착하기도 하지"라는 말로 부모가 본보기를 강요하는 일은 하지 않는 것이 좋다. 본보기를 선택할 권리는 어디까지나 아이에게 있다. 즉, 아이가 성장하면서 '지금 이것을 하고 싶다'고 생각하는 그물망에 걸리는 것이 진정으로 의미 있는 본보기가 되는 것이다.

상벌을 줄이는 배려가 필요하다

부모가 주의해야 할 것은 무엇보다도 먼저 상벌에 의해 아이의 행동을 지나치게 통제하지 않아야 한다는 것이다. 물론 효능감을 기르는 목적 말고도 보상을 활용해야 하는 경우가 있는 것도 사실이다. 그러나 모든 예절과 교육을 상벌에 의해 관철시키려고 한다면 일단 효능감을 기르는 일은 무리다. 가능한 한 아이의 탐색과 발견을 장려하고 아이 나름의 지식체계나 가치관이 형성된 후, 그것이 자각화되기를 기대해야 한다. 부모의 관여 방식은 아이가 다음에 할 일을 지시하거나 칭찬하거나 또는 야단치는 형태가 아니라, 오히려 아이의 활동이나 자기향상이 촉진될 수 있도록 환경을 조성해주고 아이가 갖고 있는 내부 지식이나 가치 기준을 길러주어 그에 따라 아이들이 행동하도록 해야 한다. 즉, 부모는 아이의 메타인지를 발달시키도록 도와주는 형태여야 할 것이다.

이것에 대한 구체적인 권유 방식은 이 책의 범위를 벗어나는 주제이므로 여기서는 다루지 않겠지만 핵심은 두 가지다. 하나는 아이 행동에 대한 피드백을 가능한 한 권위적인 어른의 입장이 아닌 다른 정보원한테 받게 하는 것이다.

아이 나름의 지식체계나 가치관 형성에 대해 기대는 하지만 그것이 유아독존(唯我獨尊) 격이 되어서는 안 된다. 현실에 적합하지 않은 지식은 소용이 없고 독선적인 완고한 신념은 주변 사람들에게 해가 될 뿐이다. 그런 의미에서 아이가 자기 생각의 올바름이나 적절함을 시험할 수 있는 기회가 있어야 한다.

지식의 경우라면 실험이나 관찰에 의해 실제로 확인해볼 수 있는 피드백을 준다. 동시에 아이들끼리의 의사 교류도 중요하다. 그 과정에서 아이들은 여러 가지 생각을 음미하고 납득할 수 있는 생각을 스스로 채택하게 된다. 그런 의미에서 부모는 친구들과의 교제를 적극 장려해야 할 필요가 있다. 그런 다음에 어른의 의견을 알려주어야 할 것이다. 이렇게 하면 아이들은 어른의 의견일지라도 마찬가지로 비판적으로 받아들일 것이다. 처음부터 어른의 사고방식을 제시하면

숨은 붙어 있으니 살아야겠고

의도야 어찌됐든 강요로 끝나기 십상이라는 것을 명심해야 한다.

가치관의 경우에는 사물에 대해 직접적인 피드백을 받기 어렵겠지만 그래서 더욱 아이들끼리의 교제가 중요해질 것이다. 실제로 서로 입장을 바꾸어 보는 것도 상대주의적인 견해를 기르는 데 도움이 된다. 이에 반해, 처음부터 어른의 판단에 따를 것을 요구하면 직접적인 피드백이 없는 만큼 오히려 강제력만 더해진다. 물론 아이들이 상당한 주체성을 확립하고 난 다음이라면 어른 세대의 견해를 주장하고 '대결'을 시도해보는 것도 결코 나쁘지 않다.

앞서도 밝혔듯이 어떠한 경우라도 어른한테 받는 상벌 형태의 피드백을 피하기는 사실상 불가능하다. 다만 어른들이 무의식적으로 아이들에게 큰 영향을 주고 있다는 사실(예를 들어, '동일시'라고 하는 현상)을 고려한다면 어른의 입장에서는 가능한 한 상벌을 줄이는 배려가 무엇보다 중요할 것이다.

두 번째 포인트는 아이들의 독자성 또는 자기 선택의 존중이다. 이것은 자기통합에서 불가결하다는 이유 때문만은 아니다. 아이가 장래 자신의 인생을 살아가는 데 아무래도 발달 과정에서 자기 선택의 능력을 기를 필요가 있다.

부모가 모든 것을 다 보살펴주고 아이는 아무것도 자기가 결정할 필요가 없다면 아이의 독자성이나 자기 선택 측면에서 결코 바람직하지 못하다.

아이들의 내적 기준을 소중히 여겨라

효능감을 기르는 것은 최종적으로 아이가 자기 나름의 선택 기준과 평가 기준을 스스로 만들지 않고서는 불가능하다. 이를 위해 부모가 상벌로 아이를 통제하는 것을 줄이는 정도가 아니라 더 적극적으로 할 수 있는 일은 없을까?

중요한 점은 아이의 내적 감각을 받아들이고 이를 소중히 여기는 태도일 것이다. 우리가 살고 있는 현대 사회는 형태나 수치로 드러난 것만을 신용하고 그렇지 않은 '주관적' 평가는 꺼리는 경향이 있다. 우리는 종종 '몸이 노곤하긴 하지만 체온이 36.6도니까 감기에 걸린 것은 아닐 거야'라거나 '어제 지진은 상당히 심하게 흔들렸다고 생각했는데 진도2였다니 실은 약한 거였네'라는 대화를 주고받을 뿐만 아니라 실제로 그렇게 믿고 있다. 이런 태도가 아이를 대할 때도 어쩔 수 없이 나타나는 것이다. 그래서 점수나 평점으로 아이의 능력이나 노력을 평가하기 쉽다. 아이가 어떻게 느끼고 어떻게 생각하는지에 좀 더 관심을 가져보면 어떨까.

조깅 같은 운동은 지속적으로 하다 보면 어느 날 부쩍 몸이 가벼워지고 얼마든지 달릴 수 있을 것 같은 기분이 된다. 이것은 내적 만족을 유발하는 것으로 기록과는 상관이 없다. 그 외적 기준에 의한 평가와는 질이 다르다. 그림이나 사진도 자기 나름대로 이것은 걸작이다 싶은 그런 때 내적 만족감이 생긴다. 이것은 입선이나 수상과는 다른 이야기다. 아이 나름대로 그런 느낌을 가졌을 때, 부모가 순수

하게 기뻐하고 공감해줄 수 있다면 긴 안목으로 보아 이것은 효능감을 키우는 일이 될 것이다. 아이도 처음부터 내적 평가에 자신이 있는 것은 아니기 때문에 부모가 그 객관성의 결여를 지적하면 이에 반항할 수가 없다. 이런 점에서 아이의 내적 평가는 숙달자의 스키마에 근거한 내적 평가와는 다르다. 공부도 아이 자신이 '열심히 노력했다, 실력이 붙었다'라고 느낄 때, 부모가 "그래도 성적이 오르지 않잖니"라고 부정해버리면 아이는 기가 죽게 된다. 이래서는 자율감도, 따뜻한 공감도, 숙달에 수반하는 충실감도 전혀 느끼지 못한다.

아이 나름대로 내적 기준을 만드는 것에 덧붙여 부모로서 또 하나 중요한 것은 아이가 해야 할 활동을 결정할 때, 가능한 한 아이를 참여시켜주는 것이다. 매력적인 여러 선택지 중 '자기 선택'이 자율감을 높인다는 사실은 이미 4장에서 살펴봤지만 더 나아가 아이의 내적 기준 형성에도 연결된다.

물론 아이가 독자적으로 결정할 일이 아닌 것은 많이 있다. 그냥 내버려 두는 것이 최선이라고 할 만한 경우는 오히려 적을 것이다. 장난감을 사는 일도, 학원에 보내는 일도 부모 입장을 고려해야 할 필요가 있을 것이고, 아이가 처음 가졌던 생각이나 취향이 얼마나 확고한 것인지 잘 생각해보게 하는 것도 중요하다.

그러나 아이의 생각이나 취향을 충분히 들어주었지만 그대로 해줄 수 없을 때는, 아이가 이유를 납득할 때까지 설명해줄 수는 있을 것이다. 하물며 아이의 발언에 비난을 퍼부을 필요는 없지 않을까.

8장
—

효능감을
키우는
학교 교육

개인의 진보에 대한 평가

아이들 생활 중 상당 부분을 차지하는 학교 생활. 아이가 여기서 활기 있고 의욕적으로 보낼 수 있을지, 없을지는 아이의 현재와 미래에 있어 중대한 문제다.

"학교는 즐거운 곳이야!", "열심히 하면 그만큼 실력이 붙고 공부가 재미있어" 이런 말들이 아이들한테서 나왔으면 좋겠다. 그러려면 어떻게 해야 좋을까? 이 장에서는 이 문제에 대해 생각해본다.

학교도 가정과 마찬가지로 '생활의 장'이라는 측면을 가진다. 이 부분에 관해서는 아이의 연령에 따라 다소 차이는 있지만 효능감을 기르는 데 어른이 배려할 만한 사항은 앞에서 기술한 것과 기본적으로는 같다. 관리를 강화해서 그저 '말 잘 듣는 착한 아이 만들기'를 목표로 한다면 효능감은 기를 수 없다.

학교가 가진 또 하나의 주요한 측면, 즉 학습이나 지적 발달을 촉진시키는 측면은 어떨까? 여기서 가장 먼저 생각해볼 수 있는 것은 평가 방식을 연구하는 일일 것이다.

현재 학교 교육에서는 교사가 학생 성적의 우열에 대한 평가를 내리는 것이 당연시되어 있다. 그러나 이미 4장에서 살펴본 바와 같이 이러한 방식은 아이가 주체적으로 학습에 임하는 자세를 방해한다. 좋은 평가를 얻는 것에 중점을 두기 때문에 어려운 것에 도전하고 그것을 능숙하게 잘할 수 있게 되는 즐거움을 포기해버리는 것이다.

4장에서 소개한 사회심리학자 데시는 평가에 두 가지 측면이 있음을 지적했다. 하나는 사람을 통제하는 측면이다. 그리고 또 하나는 자신이 취한 행동이 좋았는지 나빴는지에 대한 정보를 제공하는 측면이다. 교사에 의한 평가가 효능감을 방해하는 이유는 첫째, 전자의 측면이 너무 강해지기 때문이다. 평가에 임할 때는 후자의 측면을 중시한 형태가 더 연구되어야 할 것이다. 자신의 활동에 대해 어떤 점이 좋고 나쁜지, 그리고 어떤 점을 개선하면 좋을지 알 수 있도록 하는 것은 정보적 측면이 강한 평가라고 할 수 있다. 예를 들어 '받아내림이 있는 뺄셈을 풀게 됐다', '불규칙동사 변화를 가끔 틀린다', 이렇게 정보가 풍부한 평가가 좋다.

게다가 효능감을 기른다는 관점에서 보자면 바람직한 것은 결과가 자신의 노력 덕분이라고 여겨지는 평가일 것이다. 학습 전의 상태와 비교하거나 학습을 막 시작했던 초기 상태와 비교해보는 등, 그동안 점점 진보해온 발자취를 스스로 알 수 있는 평가 방식이라고나 할까. 어떤 학교에서는 육상 경기에 이 방식을 이용해보았다. 학생들을 과거의 자기 최고 기록과 경쟁시켰던 것이다. 학생들은 이 방식을 아주 좋아했다. 그리고 학생들 사이에 놀라울 정도로 끈기 있게 노력하는 분위기가 형성되었다고 한다. 자신이 노력한 보람을 스스로 실감할 수 있게 한 것이 이러한 반응을 낳게 한 것이다.

또한 목표에 비추어 자신이 어느 지점까지 달성했는지 알 수 있게 평가하는 것도 스스로의 발전 상태를 실감하기 쉬운 방법이라고 할 수 있다. 모든 성취도 평가가 전체 아이들이 획득해야 할 지식이나 기능에 한정해서 실행되는 것이라면 이런 점에서 볼 때 매우 흥미롭다. 다만 목표를 달성하는 것이 다른 사람에 비해 빠른지, 혹은 느린지의 속도가 문제가 된다면 이러한 이점은 사라진다는 점에 주의해야 한다.

이에 비해 상대평가는 효능감 육성이라는 관점에서 보면 특히 좋지 않다. 현재 대부분의 학교에서는 상대평가를 하고 있다. 또한 편차치 형태로 상대평가가 진로 결정에 큰 역할을 하는 것도 사실이다. 그러나 이것은 효능감을 기르기는커녕 무기력을 키울 위험이 있다. 상대평가는 항상 남과의 비교로 이루어진다. 아무리 자신이 전보다 더 발전했어도 타인이 그 이상이면 평가상으로는 아무런 긍정적인 변화도 발생하지 않는 것으로 측정된다. 이래서는 3장에서 살펴본 바와 같이 실패를 반복함으로써 일부러 무기력을 만들어내는 시스템과 마찬가지다. 성적 평가의 다섯 단계에 따라 각각 할당되는 사람 수의 비율

이 학급 내에서 미리 정해지는 경우까지 있다. 이렇게 되면 필연적으로 타인과의 경쟁이 적극적으로 장려되는 것이다. 좋은 평가를 얻기 위해서는 타인을 꺾고서 반드시 이겨야만 한다! 도야마 히라쿠(遠山 啓)는 이것을 '경쟁 원리에 기초한 서열주의의 지배'라고 표현했다.

경쟁이 강조되는 상황이 얼마나 무기력을 생성할 소지를 만들기 쉬운지에 대해서는 이미 5장에서 살펴본 바와 같다. 자신이 타인과 비교해서 '머리가 좋은지 어떤지'를 끊임없이 신경 쓰는 상태는 효능감을 기르는 조건과는 거리가 멀다.

내 실험에서도 집단의 기준이 강조된 상대평가에서는 기준 이하의 아이들이 끈기 있게 과제에 임하려는 의욕을 완전히 잃어버릴 위험성이 있음을 시사했다. 아무리 노력해도 집단의 기준에 도달하지 못한 경험을 반복하게 되면 점점 더 과제에 임하는 자세가 엉성해진다. 그저 빨리 답을 내기만 하면 되는 것이다. 그리고 이 답이 맞는지 아닌지를 음미하는 것은 나중 일이라고 여기는 경향이 뚜렷해진다. 하물며 문제 풀이를 즐길 상황은 더더욱 아닌 것이다.

자신의 유능함을 발견하게 하라

효능감을 기르기 위해서는 자신의 숙달을 스스로 실감할 수 있는 과제에 몰두해본 경험이 필요하다. 앞에서도 언급한 평가의 개혁은 이러한 경험을 갖기 위한 토대에 지나지 않는다. 그 안에서 의미 있는

숨은 붙어 있으니 살아야겠고

숙달을 실감할 수 없다면 '팥소 없는 찐빵'이 되어버린다. 그렇다면 어떤 경우에 능숙하다는 실감을 얻게 되는 것일까?

지금까지 좀처럼 이해할 수 없었던 것이 이해되었을 때나, 좀 어려웠지만 해보니 어떻게든 해결한 경우는 이러한 실감을 느낄 수 있는 한 예로 들 수 있다.

지금까지 몰랐던 것을 알게 되었을 때의 감동이 얼마나 큰 것인지, 산수를 잘 못하는 아이들을 모아 가르친 경험이 있는 사이토 지로(斉藤次郎) 선생님은 흥미로운 이야기를 들려주었다. 선생님이 한창 열심히 설명하고 있는 도중에 한 아이가 갑자기 "알았다!"라고 큰 소리를 질렀다. 주변 아이들이 깜짝 놀랄 정도였다. 사이토 선생님은 그의 저서 《아이를 다시 보다》에서 "그날 그 아이의 들뜬 모습은 그동안 좀처럼 볼 수 없는 흥분 상태로 지금 일어난 부끄러울 정도의 큰 감동을 주체하지 못 하는 듯했다"고 적고 있다.

'낙제생'을 없애는 운동으로 알려진 시노노이아사히(篠ノ井旭) 고등학교에서의 실천 보고에도 이런 경우가 있다(와카바야시 시게타(若林繁太)의 《교육은 죽지 않았다》). 각 개인의 달성도에 맞추어 개별적으로 숙제를 부과했더니 놀랍게도 숙제를 해오는 학생이 부쩍 늘었던 것이다. "숙제를 더 내주면 좋겠다"고 요구하는 아이가 생겨날 정도였다. 일률적으로 숙제를 부과했을 때는 아무리 엄한 벌을 주어도 숙제를 해오지 않는 학생들이 끊이지 않았던 점을 생각해보면 참으로 눈부신 변화였다. 결과적으로, '좀 어려워 보였는데 막상 해보니 나도 할 수 있었다', '나는 조금씩 앞으로 나아가고 있다'는 실감이 학습에 대한 적극적인 태도를 유발한 것이다.

'내가 이런 것을 알 리가 없잖아', '내게 이 문제는 무리야' 하며 지나치게 자신을 낮게 평가하여 스스로 믿고 있는 아이나 청년이 있다. 시노노이아사히 고등학교의 학생들에게 이러한 경향을 가진 아이들이 많았으리라는 것을 어렵지 않게 상상할 수 있다. 이런 경우, 앞서 이야기한 체험을 제공하는 것은 자신의 능력을 재발견하게 만들고 그에 따른 올바른 평가(심리학 용어로는 '자신의 능력에 대한 바른 메타인지')를 발달시키는 일에도 연결될 것이다.

이상의 두 가지 예시 모두 시간적 구속을 받지 않고 학습자가 자기 속도로 학습할 수 있는 경험을 다루고 있는 것은 우연이 아닐 것이다.

일반적으로 짧은 시간에 바로 반응할 만한 장면에서는 누구라도 늘 하는 습관화된 답변 방식을 취하는 경향이 있다. "의미는 잘 모르겠지만 답만 내면 되잖아요"라거나 어려울 것 같으면 "모르겠어요"라고 말해버리는 경우도 종종 생긴다. 이에 대해 차분하게 대응할 시간적, 심리적 여유가 있다면 과제에 대해서도, 또한 자기 자신에 대해서도 새로운 면을 발견하기 쉬워질 것이다.

지식의 전달을 효율화하는 것 자체는 좋지만 그것이 최대 목표가 되어버리면 문제를 푸는 재미도, 자신의 능력에 대한 정확한 메타인지도, 그리고 효능감 또한 발달하기 어렵다고 생각해야 할 것이다.

숨은 붙어 있으니 살아야겠고

친구끼리 서로 가르치기

　5장에서는 효능감의 원천으로 친구들과의 따뜻한 교류의 중요성을 들었다. 수업이란 결코 교사로부터 일방적으로 지식을 배우는 것만을 뜻하지는 않는다. 학교는 같은 연령대의 아이들이 모여 있는 장소로 서로 영향을 주고받으며 성장하는 장소이기도 하다. 친구끼리의 교류를 통해 효능감의 육성을 꾀하는 것도 매우 중요하다.

　바람직한 것은 친구들끼리 서로 가르쳐주는 기회를 많이 갖게 하는 것이다. 학생들 각자가 자신이 잘하는 분야에서 선생님 역할을 맡는다. 그리고 교대로 친구들을 가르치는 것도 하나의 방법일 것이다. 수학을 잘하는 아이는 수학을, 체육을 잘하는 아이는 체육을 가르치면 된다.

　미국에서 최근 실행하고 있는 '서로 다른 연령끼리 서로 가르치기'도 하나의 형태로 생각해볼 가치가 있다. 초등학교 이상이라면 특활 시간 등에 이 방식을 도입해보면 어떨까.

　5장에서도 살펴보았듯이 서로 가르치는 경험은 특히 가르치는 쪽 아이의 효능감 형성에 기여하는 경우가 많다. 자신이 친구를 잘 가르쳐줄 수 있었고 상대방도 잘 이해해서 기뻐한 경험, 그리고 자신이 잘 가르친 덕분에 친구도 잘할 수 있게 된 이러한 체험이 효능감을 키우는 데 큰 역할을 하기 때문이다.

　이런 점에서 생각해보면 능력별 편성을 지향하는 이유로 '잘하는 아이가 못하는 아이 때문에 희생하는 것이 된다'는 명분은 우스운 일이라고 하지 않을 수 없다. 이러한 시도는 친구들끼리의 교류를 통해 효능감을 키우는 소중한 기회를 빼앗는 일이 되기 십상이다. 공교육에서는 다양한 능력을 가진 아이들끼리 영향을 주고받는 기회를 소중하게 여겨야 할 것이다.

정상아와 장애아의 상호교류는 이런 관점에서도 더 깊이 생각해보아야 하지 않을까.

'장애 대응 교육'이라는 형태로 정상아와의 교류를 금하는 것이 과연 장애아에게 정말로 좋은 일일까? 적어도 원칙적으로는 이미 미국에서 실행되고 있듯이 장애를 가진 아이들도 일반 학급에 소속된다. 다만 특별 수업을 받기를 원할 경우에 한해서는 그렇게 하도록 하는 형태가 바람직하다고 생각한다. 이러한 통합교육의 시도는 아이들에게 여러 가지 효과를 유발하겠지만 효능감 육성이라는 측면에서는 지금까지의 연구 결과로 판단하자면 적어도 정상아들에게 더 긍정적인 효과가 기대된다.

물론 정상아와 장애아를 단순히 함께 두기만 하면 되는 것은 아니다. 양측에 서로 우호적인 교류가 있을 수 있도록 교사의 조언이나 도움이 필요할 것이다.

미국에서는 정상아와 장애아를 같은 곳에서 놀게 하는 것만으로는 양측에 교류가 일어나지 않았다는 보고서도 있다. 이에 따르면 교사의 적절한 도움이 있고 나서야 비로소 서로 어울려 놀게 되었다고 한다.

숨은 붙어 있으니 살아야겠고

집단 간의 경쟁

친구끼리 교류를 통해 효능감을 키우는 다른 방법은 집단 간의 경쟁을 이용하는 것이다. 개인 간의 경쟁이 효능감 형성에 얼마나 방해적인 요소인지는 지금껏 자주 언급했다. 그러나 집단 간의 경쟁은 개인 간의 경쟁에 비해 승부에 구애받지 않고 끝나는 경우가 많다. 게다가 집단 내부에서는 아이들끼리 서로 가르쳐주는 것이 활발해짐으로써 교육 현장에서도 상황이 좋게 활용되는 경우가 많아졌다.

시노노이아사히 고등학교 실천 보고에도 그러한 상황이 나온다. 학생들이 한자를 즐겁게 익히게 하기 위해 학급 집단 간 경쟁을 시켰다. 그 결과, 같은 학급 구성원들끼리 똘똘 뭉치게 되고 집단 내에서 서로 가르치는 일이 활발하게 진행되었다고 한다.

집단의 평균점을 올리기 위해서는 구성원이 모두 발전해야만 하기 때문이다. 서로 가르치는 과정에서는 일방적으로 가르치는 쪽이 상대를 위해 도움이 되는 것만은 아니다. 배우는 쪽도 '반 평균 점수를 깎아먹어서 친구들에게 민폐를 끼쳐서는 안 되지' 하는 마음으로 열심히 하게 된다고 한다.

드샴은 슬럼가 아이들의 향상심을 높이고자 집단 간 경쟁을 이용했다. 그래서 노력하면 자신의 실력을 높이고 동시에 친구를 위해서도 도움이 되는 경험을 아이들에게 선사하려고 했던 것이다.

미국 학교에서는 철자법을 아이들에게 어떻게 교육시킬 것인가 하는 것이 중요한 과제다. 두 팀으로 나눠서 진행하는 철자 시합도 예전부터 자주 시행하고 있다. 그러나 단순한 시합만으로는 철자에 약한 아이들은 이길 확률이 적고 팀에게 공헌할 수 있는 여지도 거의 없다. 그래서 드샴은 이 시합을 이런 방식으로 개량했다.

먼저 시합 3일 전에 철자 시험을 진행하고 각각의 아이들이 어느 단어를 정확하게 쓸 수 있고, 어느 것은 못쓰는지 조사해두었다. 이 결과에 기초해 각 아이들 별로 수준을 설정해두었다.

시합에서는 '쉽다, 보통이다, 어렵다'의 세 단계 수준이 제시되고 그 중 하나를 고르도록 했다. 또 선택한 수준에 맞춰서 낸 문제의 정답도 점수가 각기 다르다는 것을 알려주었다. 쉬운 수준의 단어는 사전 테스트에서 이미 그 아이가 풀 수 있었던 문제였다. 시합에서 그 문제를 풀면 1점을 얻을 수 있었다. 보통 수준은 사전 테스트에서는 틀린 문제로 시합에서 맞추면 2점을 얻을 수 있었다. 어려운 수준의 단어는 사전 테스트에서 나오지 않은 문제였다. 시합에서 이 문제를 풀면 3점을 얻을 수 있었다. 따라서 이 단계에서는 철자에 약한 아이라도 공부만 해두면 자기 팀을 위해 반드시 2점의 득점을 할 수 있었다. 즉, 이 방법으로는 철자에 강한 아이뿐만 아니라 철자에 약한 아이도 팀에 기여할 수 있었던 것이다.

이 방법은 아이들에게 크게 환영받았다. 그리고 동시에 자신의 능력에 따라 보통 정도의 난이도를 목표로 삼는 경향도 발달시킨 것이다. 하려는 의지가 빈약한 아이들은 도저히 달성할 수 없는 목표를 선택하거나(이것은 실패해도 자기 능력이 낮다는 것을 뜻하지 않기 때문이다), 반대로 너무 쉬운 목표를 선택하거나, 둘 중 하나를 고르는 경향이

숨은 붙어 있으니 살아야겠고

전형적임을 감안할 때 이 새로운 방법은 획기적인 것이었다.

분명히 집단 간 경쟁은 집단 내부에서 친구들끼리의 교류를 활발하게 만든다. 자신의 행동이 친구들을 위해 도움이 된다는 실감도 얻기 쉽다. 그런 의미에서 효능감의 육성에도 기여한다고 할 수 있을 것이다.

그러나 집단 간 경쟁을 교육적 수단으로 이용하는 데는 위험이 따른다는 점도 명심해야 한다. 집단 내부에서는 구성원들끼리 상호 호감도가 올라간다. 결속력도 강해진다. 그러나 집단의 외부 사람에 대한 적대감이나 배척 또한 심해지는 경우가 발생하기도 한다. 또한 그 이상으로 주의해야 할 점이 있다. 그것은 집단 간 경쟁에서는 집단의 응집력이 강해지는 만큼 소수자의 자유의지가 무시당할 염려가 있다는 것이다. 몇몇이 학습 내용에 의문을 품는다 해도 집단 경쟁 과정에서는 그것을 거부할 자유가 사라져버리는 일이 발생할 수 있다. 따라서 이와 같은 방법은 교사와 학습자 사이에서 서로가 납득할 수 있는 학습 목표에 한해 이용하도록 해야 할 것이다. 그렇지 않다면 집단을 위해서라는 이유로 배우고 싶지 않은 내용을 억지로 강요받는 상황이 되어 자기도 의식하지 못하는 사이에 다른 사람에게 통제받는 경우가 생길 수 있다.

시노노이아사히 고등학교의 경우도, 드샴의 경우도, 학습 목표가 한자와 단어 철자라는 지극히 한정적인 것이었다. 또한 그 결과가 성적평가의 대상이 아니었다는 점에서도 집단 경쟁이 갖는 위험성을 배려했음을 느낄 수 있다.

가설 실험 수업

가설 실험 수업은 이타쿠라 기요노부(板倉淸宣)가 제창한 것으로 원래는 과학 교육법 중 하나였다. 과학에 있어 기초적이고 본질적인 개념에 관한 문제가 예상 답안지를 첨부한 형태로 제시된다. 이 문제를 둘러싼 집단적인 토론이 장려되고 마지막으로 실험에 의해 예상하는 정답과 오답을 결정한다. 즉, 집단 토론과 이어지는 실험으로 아이들 스스로 지식을 구성해가는 점에 중점이 맞춰진 형태다. 이 수업 방식은 효능감 육성 측면에서 매우 흥미로운 점이 있다.

첫 번째는 하나의 과제 해결을 향해 집단 토론이 중시되는 점과 관련된다. 5장에서 기술한 존슨의 협동 학습의 한 형태라고 할 수도 있다.

토론 과정에서 교사는 사회자 역할에 충실한다. 아이들은 생각한 바를 충분히 발언할 수 있고 그럼으로써 아이들끼리의 토론을 활성화시키기도 한다. 이런 토론이 아이들에게는 무척 즐거운 체험인 듯하다. 수업 감상문에는 "재미있었다. 모두가 자기 의견을 서슴없이 말할 수 있어서 정말 좋았다. 보통 수업 시간에는 내 생각을 미처 말하지 못하는 사이에 선생님이 먼저 말씀하시는데!", "내 생각을 다른 친구들에게 충분히 말할 수 있어서 재미있었다", "내 생각을 다른 친구들에게 알려주고, 또 모두의 의견을 들을 수 있는 과정이 있어서 과학 수업은 참 좋았다" 등 아이들의 즐거운 소감이 적혀 있다. "누군가를 대표해서 의견을 말할 때는 가슴이 두근거리고 심장이 터질 것 같왔다", "토론 때 나누던 이야기가 너무 재미있었다"라고 쓴 아이들도 있다.

이렇게 토론을 진행하는 도중에 자기 발언이 친구 생각을 분명하게 하는 데 도움이 됐다거나 자신의 반론이 인정받아 친구들 사이에서 예상 답을 바꾸는 아이가 나타나는 체험을 한 경우도 많을 것이다. 이것은 효능감을 기르는 데 큰 도움이 된다. 동시에 토론 과정에서는 자신의 다져진 실력을 실감하면서 자신의 능력에 자신감을 갖게 되는 일도 많다. 토론할 때 상대를 설득하려 하거나 상대의 '공격'에 반론하려면 자신의 지식을 총동원해야 하는 경우가 많기 때문이다. 실제로 어느 아이는 감상문에 이렇게 썼다.

"토론으로 내 지식이나 의견을 거침없이 쏟아낼 수 있어 자신감이 생겼다."

효능감 육성 측면에서 흥미로운 두 번째 이유는 '과학의 기초적이고 본질적인 개념'을 아이들에게 익히게 하는 점이다. 이 개념에 의해 사실과 현상을 예측할 수 있게 된다. 이러한 점 또한 효능감 육성에 기여한다고 할 수 있다. 실제로 가설 실험 수업을 계속 받는 동안 논리적인 예상을 스스로 할 수 있게 됨으로써 즐거움을 느끼는 아이들이 늘었다는 보고도 있다. 어떤 아이는 "전에는 문제를 어떻게 풀어야 좋을지 몰랐지만 지금은 문제의 핵심을 잘 파악할 수 있게 되었다"고 감상문에서 그 기쁨을 적고 있다. 또 다른 아이는 '토론하는 도중 원자(原子)를 가지고 생각하기도 하고 내 스스로 여러 가지를 발견할 수 있었다. 교과서나 참고서를 보지 않고도 발견했다는 점이 정말

기뻤다"라고 적었다. 물론 아이들이 이러한 '효능감'을 갖게 되기까지는 '수업안' 구성이 중요한 역할을 했을 것이다. 수업안은 이전에 배운 지식을 사용하게 만드는 구성으로 짜여 있기 때문이다. 현재 학교에서 사용되고 있는 단편적이고 개별적인 지식을 학습하는 교과서로는 이러한 효능감을 키울 수는 없을 것이다.

개방 학교

4장에서 효능감을 형성하는 조건 중 하나로 설명한 것이 '자율성 감각'이다. 자신이 하고 있는 일은 그 누구도 아닌 스스로 선택한 일이라는 실감이다. 게다가 6장에서 살펴본 것처럼 진정한 효능감이 형성되려면 자신의 의사로 선택한 것이 자기실현화(자기통합)에 도움이 된다는 실감이 필요하다. 그렇다면 학교 교육에서는 이러한 경험을 어떻게 부여해야 할까?

기존의 정해진 수업 방식의 틀을 깨고 더욱 적극적으로 학습 과정 안에서 아이들의 선택을 인정하는 시도를 생각해볼 필요가 있다. 시간표나 세세한 교과목 내용을 아이들에게 강요하는 것을 이제 그만두는 것이다. '개방 학교(Open school)'나 '비형식적 교육(Informal education)'이라고 부르는 교육 시도가 좋은 예라고 할 수 있다.

개방 학교에도 여러 가지 종류가 있다. 공통되는 것은 아이들에게 자기 선택의 자유를 대폭 인정한다는 점이다. 이때는 '무엇을, 언제,

어떻게 학습할 것인가'를 아이들 재량에 맡기는 경우가 많다. 게다가 아이들이 선택할 수 있는 내용도 기존 교과목의 좁은 범위에 한정하지 않는다. 교과와 과외 활동을 포함한 다양한 내용 속에서 자신이 좋아하는 것을 선택한다. 물론 몇 가지 기초적인 과목에 대해서는 모두가 최소한의 범위에서 학습해야 하는 기준이 정해져 있다. 그러나 그것을 제외하면 다른 것은 아이들이 자기가 하고 싶은 것을 스스로 결정하고 그것을 배운다. 이것이야말로 협의의 자율감이나 이를 포함한 자기실현화에 기여한다고 말할 수 있을 것이다. 무엇이 자신에게 정말로 적합한 것인지, 자신에게 의미 있는 숙달감을 줄 수 있는 영역은 무엇인지, 이렇게 자기 적성이나 흥미에 대한 메타인지도 이러한 자기 선택의 경험을 통해 발달되는 것을 기대할 수 있다. 또한 여기서는 친구끼리의 교류도 활발해짐에 따라 친구들에게 영향을 끼칠 수 있다고 하는 형태의 효능감도 형성되기 쉽다.

개방 학교를 방문한 많은 사람들은 그곳에서 아이들 모두가 활기차고 즐겁게 활동하고 있는 모습에 먼저 압도당한다고 한다. 이 아이들의 모습은 사진보다는 동영상으로 봐야 한다고 말하는 사람이 있을 정도다. 자기 의사로 보람 있는 과제를 선택하고 좋아하는 방식으로 몰입할 수 있을 때, 인간이 얼마나 생기 있게 활동하는가를 잘 보여준다고 할 수 있을 것이다. '학교는 즐거운 곳', '공부는 재미있는 것'이라는 말도 어렵지 않게 나올 것이다. 실제로 개방 학교 효과를 실증적으로 검토한 많은 연구에서 개방 학교에서는 전통적인 학교에 비해 학교나 학습에 대한 긍정적 태도가 보다 많이 형성된다고 보고하고 있다. 또한 전통적인 학교에 비해 친구들과 협력하는 태도나 호기심, 창조성 등 흥미로운 변화를 환경 안에서 구하거나 만들어내는 경향이 더 발달하기 쉬운 것으로 나타나고 있다.

그렇지만 충분한 준비도 없이 시작된 개방 학교에서는 지금 말한 '효과'를 기대할 수 없다. 미국에서도 일시적으로 급격하게 개방 학교가 증가했지만 최근에 급격하게 다시 감소한 것은 준비 부족에서 오는 운영의 미비를 개방 학교의 본질적 결점으로 혼동했기 때문이다. 아이들에게 스스로 선택하게 하는 일은 방임과는 다르다. 아이가 지적인 도전을 느낄 수 있는 방식으로 과제를 다양하게 준비하거나 아이의 요구에 맞는 적절한 조언과 시사를 주는 것은 교사의 중요한 역할이다. 따라서 이런 준비 없이는 자기 선택의 자유라는 보물을 가지고도 제대로 활용하지 못하고 무용지물이 되기 쉽다.

그렇다고 해서 개방 학교 방식이야말로 만사형통의 이상적인 형태라고 말할 생각은 없다. 그러나 아이들이 다양한 여러 방향으로 뻗어나갈 가능성을 인정하는 일, 이것만큼은 멋진 점이 아니겠는가. 게다가 학교가 단순히 학습의 장으로서만이 아니라 같은 연령이나 또는 다른 연령의 아이들과 더불어 생활하는 장소라는 점도 실감하기 쉽다. 그래서 지적인 과제에서 실패했다고 해서 바로 무기력에 빠지는 일은 지극히 일어나기 어려울 것이라고 예상된다. 현재 학교의 모습 전체를 지금 바로 바꾸는 일은 무리겠지만, 최소한 '특별활동 시간'에라도 이런 방식을 도입해보는 것은 의미가 있지 않을까.

숨은 붙어 있으니 살아야겠고

9장
—
효능감의
사회적 조건

무기력의 사회적 기원

사회적 기구나 문화적 분위기를 그대로 두고 사람들에게 효능감을 갖게 하려는 시도는 결코 좋은 결실을 맺지 못했다. 가정이나 학교에서 아이들의 효능감을 키우려는 개혁은 의미가 없지 않지만 이중의 의미에서 제약을 받는다.

첫 번째는 모든 사람들에게 효능감을 갖도록 하는 배려가 어느 정도 존재하는 사회가 아닌 이상, 그 사회에 속한 가정이나 학교, 특히 공교육에서의 대폭적인 개혁은 사실상 금지되기 때문이다.

두 번째로는 만약 개혁이 실행된다 하더라도 아이들이 성장함에 따라 그 효과는 희미해지고 만다. 단순히 '외적 성공에 사로잡히지 말라'는 식으로 말해서는 사회에 나가 먹고살 수 없다고 생각되는 순간, 효능감보다 생존을 선택할 수밖에 없기 때문이다.

아니, 오히려 이러한 시도는 종종 기만적이기까지 하다. 실제로는 있지도 않은 자기향상을 맛본 것으로 착각하게 만들어 그것을 발판으로 기대되는 행동을 자진해서 하도록 유도하기 십상이기 때문이다.

이러한 의미에서 효능감을 키우는 '교육적 시도'는 사람들이 효능감을 가질 수 있도록 사회적 기구나 문화적 분위기를 형성해 나가는 일과 서로 보완하면서 진행해야 한다. 즉, 사람들이 무기력에서 자유롭고 게다가 외적인 성공이 아닌, 의미 있는 숙달을 지향하면서 사는 것이 사회적, 문화적으로 장려되어야 한다.

그렇다고 해도 이러한 일이 쉬운 것은 아니다. 만약, 교육 분야에 한정한다면 학습자가 효능감을 갖기 쉬운 조건을 찾아가는 일은 그런대로 가능할 것이다. 그러나 이것을 노동이나 복지, 그 외 다른 사회생활 전반에 걸쳐 작용하게 하려면 도저히 지금 당장 유효성이 큰 방법을 찾아낼 수 있을 것 같지 않다. 그러나 이 장에서는 가능한 현실적이고 예상할 수 있는 범위 내에서 본질적인 해결을 찾는 방향으로 문제를 생각해보자.

무기력으로부터의 해방

효능감을 갖기 위한 최소한의 조건은 무기력을 갖지 않아도 되는 것이다. 즉, 생존을 위협하는 모든 요인을 스스로의 노력에 의해 제거할 수 있다는 데 있다. 반대로 끊임없이 생존을 위협받는 상황, 아무리 일해도 밥 한 그릇 배불리 먹을 수 없는 상황에서는 효능감이 문제가 아니다. 사회에 충분히 식량 공급이 되지 않는 경우만이 아니라 실업률이 높고 언제 해고당할지 모르는 상황, 직장을 잃으면 쉽게 다시 일을 찾지 못하고 실업수당만으로는 살아갈 수 없는 상황도 이런 경우에 해당한다. 병이 들었을 때 병원에 가지 못하는 상황도 생존을 위협하는 요인을 자기 노력으로 제거할 수 없는 대표적인 예일 것이다.

이보다 더 두려운 상황은 전쟁이다. 전쟁에 휘말리면 언제 목숨을 잃을지 모른다. 제아무리 평화주의자라고 해도 그것으로 목숨이 보장되는 것도 아니다.

다행히 선진 자본주의 국가의 경우에는 비교적 사회주의 국가에 비해, 전쟁을 제외하고는 생물로서 생존을 위협하는 공포로부터 비교적 자유롭다. 우리가 사는 사회도 그런 의미에서 효능감을 갖게 하는 최소한의 조건은 충족시키고 있다고 할 수 있다.

인간에게 생존이란 의식주만이 아닌 기본적 인권이 반드시 지켜져야 함을 의미한다. 사상이나 종교로 박해받거나 단지 체제를 비판했다는 이유로 경찰에 체포되는 것은 넓은 의미에서 생존을 위협받는 일이 된다. 그러한 현실을 개혁할 수 없다면 역시 무기력에 빠질 수밖에 없을 것이다. 선진 자본주의 국가의 경우에도 '자유'가 여러 가지 틀에 갇혀 있는 부분도 있다. 그렇다고 해도 수많은 사람들을 무기력에 빠뜨리게 할 정도라고는 생각되지 않는다.

왜 무기력인가

그럼에도 오늘날의 사회에서 살아가는 많은 사람들이 의욕적으로, 더 즐겁고 충실한 인생을 보내고 있다고 보이지 않는 이유는 효능감이 결여되어 있기 때문일 것이다. 무기력은 효능감의 결여로도 빠져들 수 있다. 7장에서도 밝혔듯이 '고전적인' 무기력에 빠지는 걸 막는 것은 그다지 어렵지 않다. 이를 위한 사회적 조건을 갖추는 것은 우리가 충분히 해결 가능한 범위다. 그러나 우리 사회는 아무래도 모든 사람이 효능감을 키울 수 있을 정도로 좋은 사회는 아니라고 생각한다.

효능감을 키우기 위해 요구되는 첫 번째 사항은 모두가 의미 있는 숙달의 기회를 가질 수 있어야 한다는 것이다. 스스로 자발적이고 지속적으로 집중할 수 있는 과제를 발견할 수 있을 뿐만 아니라 거기서 숙달된 능력에 의해 창조의 즐거움이나 타인에게 공헌할 수 있는 기쁨, 자기통합에 따른 만족감 등을 느낄 수 있다면 더 말할 나위가 없다. 두 번째는 숙달에 동반한 내적 만족에 중점을 두고, 외적 성공이나 실패에 얽매이지 않아도 나름대로 각자의 생활을 유지할 수 있어야 한다.

우리 사회는 기본적으로 생산성 제일주의의 관리사회다. 이런 사회는 은연중에 '생산성을 높이는 것이 결국 모두의 행복으로 이어진다'는 가정 하에 이루어져 있다. 사람들이 해야 할 활동은 관리자에 의해 결정되고 평가된다. 유능한 관리자란 생산성이 최대치가 되도록 사람들을 선발하고 일을 주며, 그들의 성적을 평가하는 사람이다.

숨은 붙어 있으니 살아야겠고

이런 체계의 사회가 의미 있는 숙달의 기회를 크게 줄이는 것은 쉽게 이해가 갈 것이다. 원래는 사람들 각자에게 의미를 가진 숙달의 분야는 다양할 것이다. 그런데 사회에서 용인하는 생산성을 높이는 데 도움이 되지 않는 분야는 점점 버려지게 된다. 최근 몇 년만 보더라도 많은 수의 전통적인 생산 노동이 사라졌거나 변질되었음을 알 수 있다.

게다가 관리 사회는 진정한 의미에서의 숙달을 결코 환영하지 않는다. 장인 기질을 가진 사람들한테서 전형적으로 볼 수 있듯이, 숙달자들은 무엇을 어떻게 만들지에 관해 뚜렷한 자기주장을 펼치고 또 그 활동에 대한 성과를 스스로 평가하지 않고는 견디지 못한다(이것은 6장에서 살펴보았듯이 스키마에 근거한 자율성에서 유래한다). 그러나 이것은 관리자에게 바람직한 상황이 아니다. 관리자가 요구하는 것은 자율적인 숙달자가 아니라 조직의 유능한 톱니바퀴다. 관리사회에서의 우등생은 말하자면 관리되는 범위 내에서 유능함을 추구하는 존재인 것이다. 이러한 사실은 오늘날 기업체에 장인 기질의 소유자가 입사한다면 어떻게 될 것인지 상상해보면 곧바로 알 수 있을 것이다. 그는 분명 완고하고 고집쟁이이며 시대에 뒤처진다는 낙인이 찍힌 채, 조직의 골칫덩이로 취급받을 것이다. 숙달에 중점을 두고 살려고 하면 아무래도 관리 사회에서는 난관에 부딪치기 쉽다.

우리가 살고 있는 생산성 제일주의 관리 사회에서는 나중에 이야기할 예외적인 사례를 제외하면 일반적으로 효능감을 갖기가 상당히 어렵다고 말할 수밖에 없다.

외적 성공이 주는 일시적 효능감

'의미 있는 숙달'을 익힐 수 있는 기회가 없을 때, 인간은 어떻게 될까? 아마도 직접적으로 외적 성공을 구하며 살든지 또는 적어도 '안도감'을 확보하기 위해 노력할 것이다. 유명 대학에 들어가서 대기업에 취직하려는 시도는 그야말로 후자에 속한다.

우리 사회에서는 안도감 추구도 결국은 이처럼 외적 성공을 구하는 형태를 띤다. 간단하게 말하자면 돈을 위해 큰 권력을 손에 넣는다는 의미다.

외적 성공을 구하는 사람들에게 직업이란 그 자체가 목적이 아니라 수단이 되기 때문에 가장 효율성이 좋은 직업, 소유나 권력 욕구를 충족시켜주는 직업이야말로 바람직하다고 평가한다.

4장에서 이미 보았듯이 지적 흥미 등의 내적인 동기부여와 보수를 구하는 외적인 동기부여는 더해져 연동하는 것이 아니다. 외적인 동기 부여가 지나치게 강해지면 그 속에서 내적인 동기부여는 힘을 잃어버리고 만다. 여기서 지적하고 싶은 점은 소유나 권력을 원하는 성향이 지나치게 강하면 노동의 효용성, 즉 사람들에게 가져다주는 숙달에 따른 충실감, 타인에게 공헌하는 데서 오는 만족감은 그만큼 느끼기 힘들다는 것이다.

부나 지위를 손에 넣게 되면 효능감은 높아질까? 이 질문에 대한 답은 좀 복잡해진다. 자신에게 '의미 있는 숙달'이, 즉 내적 만족을 통해 안정된 효능감을 유발하는 것과 비교해서 오로지 외적 성공에 의해서만 확인된 달성감이(자신이 그것에 가치를 둔 경우에 한정해서) 이른바 일시적인 효능감을 유발하는 것에 불과하지 않을까? 한마디로 내적 충실감이 뒷받침되지 못하는 외적 성공의 효력은 오래가지 못하는 법이다.

따라서 성공에 의한 효능감을 유지시키기 위해서는 끊임없이 도전하고 계속해서 성공을 이어나가야만 한다. 게다가 점점 더 큰 성공을 목표로 해야만 한다. 일반적으로 외적 보수는 반복해서 주어지면 그 효과가 떨어지기 때문이다. 같은 수준의 보수로는 효과가 약해진다.

계속 성공하는 사람들은 효능감을 가지고 문자 그대로 기업체, 때로는 사회나 국가 전체를 위해 활동하는 의기양양한 일꾼이 될 것이다. 그들이야말로 진정한 엘리트라고 할 수 있다.

이에 비해 지속적으로 성공을 이어나가는 것은 무리한 일임을 아는 사람들은 외적 성공에 집착할수록 의욕을 상실하는 경향이 있다. 그래서 외적 성공이 인생의 목표로 추구되는 사회에서는 일반적으로 극히 소수의 엘리트와 다수의 대중으로 분명하게 분리된다. 전자는 '승자'로서 의기양양하지만 후자는 그러한 희망을 잃고 무기력하다는 이분법적인 도식이 성립된다.

관리자나 엘리트 입장에서는 이래서는 안 된다. 또한 관리받는 쪽도 패배감이 결코 기분 좋을 리는 없다. 그래서 나름대로의 발상이 강조된다. 성공의 주관적인 표준을 어느 정도 낮게 잡고 사소한 축재나 승진에서 성공의 기쁨을 맛보는 것이다. 이 발상 덕분에 '의욕적인 엘리트'와 '무기력한 대중'이라는 이분법이 조금씩 흐려지게 된다. 즉,

출세 경쟁에도 몇 가지 수준이 설정되어 그 무리 안에서의 승자가 각각의 성공감을 맛보게 되는 구조인 것이다. 이에 따라 출세 경쟁이 대중화된다.

다음 장에서 다루겠지만 일본과 같은 사회에는 뿌리 깊은 '노력 신앙'의 전통이 있기 때문에 이것이 한층 더 대중적 출세 경쟁을 강화시켜, 객관적으로는 크게 성공할 희망이 없는데도 계속해서 더 노력하게 만든다. 상급 관리자의 입장에서는 각각의 수준에 속한 사람들이 출세 경쟁에서 이기기 위해 스스로 열심히 노력하여 관리 사회의 우등생이 되어주기 때문에 이렇게 고마울 수가 없다.

그러나 중간이나 하급 수준에서의 성공이 유발하는 '효능감'이란 일시적이고 허망한 수준에 그친다. 자기 생활을 희생하거나 자기관리 하에 있는 사람들에게 끝없는 인내를 강요하면서 달성한 '성공'이 실은 그리 대단한 것이 아님을 깨달았을 때, 그들이 '중간 관리직의 비애'를 느낌과 동시에 쉽게 무기력에 빠져드는 것도 당연하지 않겠는가.

'노동자'라는 낙인이 무기력하게 만든다

원래 생산성 제일주의 아래서는 노동이나 그에 동반된 숙달은 그 자체로 가치를 인정받지 못한다. 대중적인 출세 경쟁이 확산되면 사람들은 조금이라도 더 높은 지위에 오르려고 하기 때문에 '노동자(worker)'라는 단어는 보다 더 부정적 의미를 지니게 된다.

숨은 붙어 있으니 살아야겠고

'노동자'라는 단어가 갖는 부정적인 뉘앙스를 실증적으로 잘 보여 준 것이 엘렌 랭거(E. J. Langer)*의 실험이다. 연구자들은 고등학생을 피험자로 삼아 한번 '노동자'라는 딱지를 달고 일하게 되면 그 이후에 는 유능함이 떨어진다는 사실을 발견하고 "이것은 타인에게 의존하 지 않으면 일할 수 없다고 스스로 믿게 되기 때문"이라고 해석했다.

이 실험에서는 먼저 종횡으로 나열된 수많은 문자 속에서 상품명 을 찾는 과제가 주어졌다. 여기서는 비교적 낮은 집단 표준이 주어졌 는데 대부분의 사람들이 성공했다는 느낌을 가질 수 있게 구성되어 있었다. 그 뒤 여러 회사의 광고를 보고 각각 바로 전에 찾았던 상품 을 다루고 있는지의 여부를 판단하게 했다.

이 작업 다음으로 실험군의 피험자는 바람잡이와 함께 작업하게 했다. 이때, 피험자는 엉터리 제비뽑기에 의해 언제나 '노동자' 역할이 주어지고, 바람잡이에게는 언제나 '관리자' 역할이 주어졌다. 이 2단 계에서 실행된 작업은 방금 전 작업의 후반 부분에 해당했다. 즉, 이 미 찾은 상품명에 대해 각각의 회사 광고를 할당하는 작업이었다. 이 때 노동자 역할이 주어진 피험자는 관리자가 말한 상품명을 받아쓰 고 그것을 바탕으로 회사 광고를 분배해 나가는 방식이었다. 한편 통 제군의 피험자는 이런 역할 없이 2인 1조로 작업을 진행했다.

그 뒤에 한 번 더 종횡으로 나열된 많은 문자 속에서 상품명을 찾 는 과제가 주어졌다. 이 과제의 2단계에서 실험적으로 조작되는 것은 없었다. 그럼에도 일단 노동자 역할을 맡게 된 피험자는 첫 번째에 상 품명을 발견했을 때와 비교해 훨씬 성적이 떨어졌다.

랭거는 제비뽑기를 하지 않고 실험자에게 역할이 주어졌던 경우에도 그 딱지가 중요하지 않은 역할임이 암시되는 경우에는(예를 들어 '우두머리'에 대한 '조수'라는 역할이 주어지는 식) 성적 저하 현상이 발생한다는 사실을 발견했다.

이상의 사실은 어디까지나 숙달이나 그에 따른 효능감 형성 기회를 빼앗긴 '노동자'에게서 발견된 유감스러운 결과지만 여기서 함부로 노동자임을 경시하는 결론을 내려서는 안 된다.

전문가와 국외자

이런 사회적 조건이 변화해서 사람들이 효능감을 갖고 인생을 보낼 수 있도록 하기 위해서는 어떤 개혁의 시도가 유효할까? 하루아침에 달성되는 것이 아닌 것은 확실하지만 조금이라도 그러한 방향으로 변화시키기 위해 개인적인 수준에서 할 수 있는 것, 또는 집단이나 조직 수준에서 할 수 있는 것은 무엇일까?

이 질문에 답하기 위해 먼저 오늘날 사회에서 숙달에 내적인 만족을 느끼며 생활하고 있는 것은 어떤 사람들일까 생각해보자.

여기에는 아마도 두 가지의 다른 유형이 있다고 생각한다. 즉, 기업체에 속하지 않고 고도의 지식이나 기술을 발휘할 수 있는 '전문가'와 한편으로는 '영세한' 자영업자나 때로는 기업체에 속해 수입은 얻으면서도 거기에 마음은 귀속되지 않고 생활의 다른 부분이나 취미에 보

숨은 붙어 있으니 살아야겠고

다 큰 가치를 발견하는 '국외자'다.

'국외자'의 극단적인 한 형태가 히피족이다. 그들은 반드시 '숙달'을 주장하지는 않았지만 생산성 제일주의를 부정하고 반권력·반재력이라는 형태로 외적 성공을 거부했다. 따라서 그러한 사고방식은 내적 만족의 중시로 이어지기 쉽다. 그들은 지금의 권력자를 타도하고 자신이 권력을 잡으려 하기보다는 권력 자체를 증오했다. 또한 '부자가 되기보다는 인간다운 삶을!'이 그들의 캐치프레이즈였다. '살아가는 데 필요한 최소한의 일을 하지만 부자가 되기 위해, 더 좋은 생활을 하기 위해 그 이상으로 악착같이 일하는 것은 질색이다'가 그들의 철학이었다.

이러한 사고방식이 비교적 무리 없이 받아들여진 것이 비교적 풍요로운 사회의 풍요한 계층에서였다는 것은 이해가 된다. 분명히 일반적으로 소유욕에는 일정한 한계가 있다. 모피코트도 한두 벌 정도는 갖고 싶을지 모르지만 사오십 벌이라면 갖고 있어 봐야 소용이 없다. 히피족들 사이에서 자주 이야기되었듯이 '비프스테이크를 먹을 수는 없어도 참치 스테이크를 먹을 수 있다면' 그 차이는 별것 아니다.

그러나 많은 사람들은 이런 차이가 결정적으로 돌이킬 수 없는 차이라고 생각해서 조금이라도 더 많은 수입을 위해, 다른 모든 것을 희생하며 살아온 것이다. 그 이유 중 하나는 그들의 생활수준이 아직 소유욕의 포화점까지 도달하지 못했기 때문일 것이다. 단돈 10만 원의 월급 차이라 해도 그것이 생활에 '현저한' 변화를 불러일으키는 일은 충분히 가능한 일이다.

또 한 가지 이유는 자본주의 사회 속에 소유욕을 살찌우는 요소가 이른바 내재적으로 갖추어져 있다고 생각할 수 있다. 사회가 대중화된 출세 경쟁 속으로 사람들을 내몰고 있는 것은 무엇보다도 비대해진 인간의 소유욕 때문이지 않을까?

히피들과는 다르게 전문가(예를 들면 의사, 예술가, 변호사)는 그들의 '자유'가 숙달에서 비롯된다고 여긴다. 그들은 말하자면 '현대화된' 장인이며 그 고도의 숙달된 기술 덕분에 기업체로부터 어느 정도의 독립을 달성하고 더 나아가 일정한 지위와 수입이 보장된다. 이들이 권력이나 돈의 노예가 되지 않은 한, 내적 동기 유발에 관심을 갖게 되는 것은 충분히 생각해볼 수 있다. 그들은 한층 더 숙달된 실력을 연마해 '나만이 할 수 있는 일'을 수행하고 게다가 그 일로 다른 이들에게 공헌할 수 있다고 믿고 있다. 이런 사람들이 노동을 통해 효능감을 얻기 쉬운 것은 자명하다.

그러나 유감스럽게도 현대 관리사회에서 이러한 '정신적 자유'는 특권층의 소유물이라고 하지 않을 수 없다.

특히 고도의 기능이나 지식을 가지고 있지 않는 한, 외적 동기로부터 해방되기 위해 출세 경쟁에 등을 돌리면 '비프스테이크를 참치 스테이크로 바꾸는' 정도로 끝날 수 있을 것인지 의문이다. 아니, 학교처럼 원래는 전문가 집단이어야 하는 직장에서조차 관리가 침투하고 한 사람 한 사람의 판단이나 평가가 허락되는 분야가 줄어들어 숙달의 내적 만족보다 관리자가 내린 평가에 의거해 행동하려는 풍조가 한층 더 강해지고 있다.

그러나 그런 만큼 전문가든 국외자든 그들의 삶의 방식이 관리 사회에 대한 하나의 '저항' 형태를 띠고 있다고 평가해도 좋지 않을까?

복지 사회를 넘어서

예전에는 '일하지 않는 자, 먹지도 말라'라는 격언대로 성실하게 일하지 않는 노동자는 쉽게 해고당했고 그런 경우, 곧바로 생존에 대한 위협에 직면해야 했다. 그러나 복지 사회가 조금씩 실현됨에 따라 이런 상황은 상당히 변했다. 히피족의 철학도 사회의 풍요로움이나 최소한의 행복을 전제로 했을 때 비로소 성립될 수 있는 것이라 할 수 있을 것이다.

특히 복지 측면에서 선진국인 북유럽이나 영국의 경우에는 실직을 당해도 당분간은 실업수당으로 인간적인 삶을 유지할 수 있다. 이렇게 되면 외적 동기는 예전만큼 효과적이지는 못하게 된다. 특히 상당히 풍족한 생활을 즐기는 국외자의 존재를 알게 되면 악착같이 일하는 것이 싫어진다. 원래부터 노동을 숙달의 기회로 여긴 것도 아니고 노동이 효능감의 원천이 되지도 않기 때문에 이는 기본적으로 수입의 쥐꼬리만 한 증가로 보상받는 것에 지나지 않는다. 우리 사회도 일중독이라는 병적인 직업윤리가 없었다면 어떻게 되었을지 알 수 없다. 구체적으로는 무단결근, 태업, 또는 원인 모를 생산성의 극단적 저하 현상이 일어나게 된다.

이 사태에 대처하는 사고방식은 크게 세 가지로 생각해볼 수 있다. 보수주의자는 이 사태를 개선하기 위해 결국 당근과 채찍으로 효과를 내는 수밖에 없다고 생각한다.

이것은 결국 복지적인 부분을 억누르고 사람들이 열심히 일하지 않는 한 생존이 위협받는 조건을 다시 한 번 만들어 낼 수밖에 없다. 생존의 문제가 걸려 있으면 효능감 결여 같은 것은 문제가 되지 않는다고 생각하는 것이다.

기성의 혁신세력은 물론 이에 대해서도 강하게 반대한다. 그러나 그들도 모든 사람들이 내적으로 흥미를 가질 수 있고 그 능력을 끌어내는 것에 맞는 일, 그리고 의미 있는 숙달의 기회를 부여받기란 무척 힘든 일이라는 것을 인정하고 있다. 그래서 그들은 전적으로 당근이 될 수 있는 보상을 요구한다. 적어도 대폭적으로 임금을 높여 사람들에게 일할 의욕을 높이도록 하는 것이다. 분명히 당근은 일시적으로는 어느 정도 효과가 있을 거라고 생각한다. 급여가 오르는 것은 효능감을 높일 수 있을 것이다. 특히 그것이 다른 회사와 비교해서 상승한 경우라면 더욱 그럴지도 모른다. 그러나 그 효과가 영원하지는 않을 것이다.

이미 살펴본 바와 같이 이러한 외적 보상으로 진정한 효능감을 촉발하기는 어렵기 때문이다.

그래서 당근이나 채찍이 아닌, 노동에 내재된 기쁨을 강조하는 세 번째 길을 추구하게 된다. 예를 들어, 노동자 참여라는 발상이다. 이에 의해 노동자가 스스로 생산의 주인공임을 자각하게 되면 노동에

숨은 붙어 있으니 살아야겠고

대한 의욕을 기본적으로 바꾸는 데 도움이 될지도 모른다. 출퇴근 시간을 자유롭게 하고 일정한 제한 내에서 노동자의 자유재량을 인정하려는 시도 등도 자율성 감각을 자극하는 요인으로 생각해볼 수 있는 방책일 것이다.

볼보의 스웨덴 칼마르 공장에서 시도되고 있는 극단적인 분업제가 좋은 예가 된다. 벨트컨베이어의 사용을 멈추고 직원 한 사람 한 사람에게 '만드는 기쁨'을 맛보게 하는 대담한 시도를 한 것이다. 물론 생산성 측면에서 보자면 철저한 분업 형태로 작업하는 편이 좋을 것이다. 그러나 그래서는 모처럼 조립된 자동차가 '내가 만든 차'라는 느낌은 도저히 가질 수 없다. 창조 욕구를 만족시킬 수는 없는 것이다. 그러한 내적 만족이 없는 한, 노동자의 관심은 외적 보상으로 향하게 되고, 가만히 있어도 받을 수 있는 실업수당과 그다지 차이가 없는 수입을 위해 하루 종일 악착같이 일하는 것은 어리석은 짓이라는 기분이 들게 한다. 이에 대응해서 '보다 보람 있는 일이 주어지면 노동자 각자가 스스로 움직이게 된다'는 것이 이 공장이 가진 개혁철학의 근본이었다고 한다.

이 시도들과 더불어 평가할 수 있는 것이 노동자의 자기향상을 장려하는 시도일 것이다. 효능감을 가질 수 있게 하려면 의미 있는 숙달의 기회가 있어야만 한다. 이것은 분명 눈앞의 생산성을 최대한 높이는 목표와는 양립하기 힘들다. 그러나 노동자가 효능감을 상실하고 무기력해진다면 결국 생산성은 떨어진다. 이에 대응해 관리를 강화하면 점점 의욕을 잃게 되는 악순환보다는 '어느 정도' 숙달의 기회를 부여하는 것이 좋지 않을까, 이렇게 생각하는 관리자나 경영자도 늘어난 듯하다.

그중에는 더욱 강화된 개혁을 통해 회사를 자기 학습의 장으로 바꾸어 성공한 예도 있다.

아이치현 오부시에는 메이난(名南)제작소라는 공작기계를 개발하는 회사가 있다. 이곳에서는 매주 전 사원이 근무시간 중에 물리학 학습회를 하고 있다. '사원 누구나가 창조적으로 일하는 기쁨을 맛보게 하고 싶다', '그러기 위해서는 물리학 법칙을 사용해서 생각할 수 있게 할 필요가 있다', 이것이 이 학습회가 조직된 경위였다고 한다. 강사는 따로 부르지 않고 사원들을 몇 개의 그룹으로 나눠 돌아가면서 서로 강사가 되어 벌써 십수 년이나 학습회를 열고 있다고 한다(카마타 마사루(鎌田勝), 《이상한 회사》).

이 회사는 창립한지 20여 년이 넘어도 사원은 채 100명이 못 되었다. 그럼에도 500건 이상의 특허를 가지고 있고 경영도 순조로워 일에 보람을 느끼는 사원들이 많았다고 한다.

사람들이 효능감을 가지고 인생을 사는 것에 대한 의의를 강조하는 나의 생각에서 보자면, 복지사회를 후퇴시키지 말고 오히려 사람들의 생존을 위협하는 조건을 조금이라도 줄이는 것이 좋다고 본다. 동시에 사람들이 보람을 느낄 만한 일을 준비하는 것이야말로 향후 노동 정책의 기본으로 삼아야 할 것이다.

무기력에 이르는 또 한 가지 원인

라이트 밀즈(C. W. Mills)가 지적했듯이 현대의 노동에 대해서는 '싫은 것', '따분한 것'이라는 부정적 감정이 뒤따른다. 그래서 게으름을 피우거나 실업수당에 기대어 살려는 마음이 드는 것이다.

정말로 인간이란 관리 받는 노동자가 되면 일을 하기 싫어하게 되는 존재인 것일까? 자신의 의지로 '하지 않겠다'라고 하는 것은 차치하고 일할 기회조차 잡지 못하게 된다면, 즉 능력을 발휘하고 다른 사람들에게 도움이 될 최소한의 가능성조차도 없다고 한다면 어떤 느낌을 가질 것인가?

이것은 말할 필요도 없이 지극히 현실적인 질문이다. 우리 사회에서 예외는 있지만, 정년을 맞게 되면 일하고 싶어도 직장을 그만두어야 한다. 또한 심신의 장애 때문에 좀처럼 취직 기회가 없는 사람들도 적지 않다. 이런 사람들도 분명히 어떻게 해서든 먹고살 수는 있다. 그러나 이런 상황이라면 역시 인간으로서의 생존을 위협받아 무기력에 빠진다고 보아야 하지 않을까?

랭거는 '중요하지 않다'는 딱지가 붙거나 또는 그렇게 암시되는 것만으로도 사람들은 의욕을 잃는다고 생각하고, 이러한 관점에서 노인의 의욕에 대해 관심을 기울이고 있다. 이것에 대해 노동과 복지를 동일 선상에서 생각하는 흥미로운 시점으로 소개해보고자 한다.

양로원에 있는 노인들에게 여러 가지 선택지를 주고 선택하게 하며 이를 장려하는 일, 그리고 자기 일만이 아니라 간단하게 할 수 있는 식물 돌보기 등에 대해 책임감을 갖게 하는 등의 변화를 도입하면 노인들이 보다 활기 있고 활발해져 행복감을 느낀다는 것을 발견했다.

더욱 흥미로운 것은 이러한 변화가 이루어진 양로원의 경우에는 그렇지 않은 통제군과 비교해 18개월간의 사망률이 거의 절반으로 줄어들었다는 사실이다. 셀리그만도 지적했듯이 극단적인 무기력은 죽음에까지 이르게 한다.

앞서 살펴본 노동자 낙인 실험(랭거 실험)의 피험자는 한 번도 실패감을 맛본 적이 없었다. 하물며 그들은 생존을 위협받은 것도 아니고 고통을 당한 것도 아니며 힘껏 노력해도 그러한 사태로부터 탈출이 불가능했던 경험이 있던 것도 아니었다. 그럼에도 그들이 보여준 행동은 획득된 무기력 실험과 매우 유사했다. 양로원의 노인들 또한 비슷한 무기력에 시달리는 사람이 많아 보인다. 그 이유는 무엇일까?

랭거의 생각은 이렇다.

사람들의 자존심이란 사소한 상황적 요인에 의해 쉽게 상처받는다는 것이다. 예를 들면, 그들이 다른 사람들에 비해 열등하다는 것을 암시하는 듯한 평가가 붙거나 사람들이 선호하지 않는 일에 종사하거나, 또는 자신이 전에 했던 일이 다른 사람에게 돌아가고 자신은 그보다 비중이 덜한 다른 일을 맡게 되는 경우라면 자존심을 다치기 쉽다. 또는 다른 사람이 자기 일을 하나부터 열까지 살펴주는 경우에도 그 사람의 자존심은 떨어지기 마련이다.

분명히 자존심을 지니고 사는 것이 인간 생존의 자연스러운 방식이라고 볼 때, 자신의 삶의 방식이 끊임없이 상처입고 회복할 기회가

숨은 붙어 있으니 살아야겠고

주어지지 않는 상황에서는 무기력을 갖게 될 것이다. 다음 장에서 언급하겠지만 랭거의 피험자는 능력이나 독립이 과도하게 강조되는 달성 지향 사회인 미국의 시민이기 때문에 그것들이 조금 부정당한 것만으로도 자존심에 심한 상처를 받게 되었을 것이다.

이 실험 결과는 이러한 문화의 틀을 넘어 이른바 '약자'에 대해 어떻게 대처해 나가는 것이 좋은지에 대해 큰 시사점을 주고 있다. 구체적으로는 복지의 한 중심에 노동을 두고 생각한다는 것이다. 노동이라는 표현이 지나치게 강하다고 한다면, 달리 표현해서 모든 사람들이 자신의 능력을 최대한 발휘하고 숙달에 동반한 내적 만족을 맛볼 수 있도록 하며, 그럼으로써 다른 사람들과 교류할 수 있도록 배려하는 것을 복지의 중심에 놓아야 한다는 것이다. 몸이 약하거나 장애가 있는 사람들을 동정하는 것은 물론 선의일지도 모르지만, 그런 식으로는 결코 그들이 바라는 처우를 유발할 수 없으며 또한 그 사람들에게 보다 나은 삶의 방식을 가능하게 하는 것도 아니다. 어떤 대우를 받는 대신 '약자'라는 주홍글씨마저 감수해야 한다면 이들은 효능감은커녕 오히려 무기력에 빠져들기 쉽다.

통합과 그 상황에서 필요한 도움

그러나 행정의 입장에서 보면 '약자'는 뚜렷하게 분류되어야 하는 것 같다. 예를 들어, '70세 이상 노인'이나 '신체 장애인'이라는 꼬리표는 사람들이 자발적으로 사용하던 것이 아니라 행정 편리상 만들어 낸 것이다. 그러나 일단 이러한 꼬리표가 사회적으로 널리 사용되게 되면 그런 딱지가 붙는 것 자체가 자존심에 견디기 어려운 상처가 된다는 측면을 우리는 좀 더 깊게 생각해 보아야 한다.

우리는 장애의 정도가 각기 다른 아이들을 모두 기본적으로 동일한 학급에서 교육하는 통합학습의 시도를 이미 지지하고 있으며, 그들이 그때그때 특별한 훈련을 필요로 하는 경우에는 그런 기회를 주어야 한다고 주장했다. 같은 논법이 사회 속에서의 '약자', '장애인'에 대해서도 적용되어야 한다고 생각한다. 그렇지 않는 한 열등하다는 것을 암시하는 꼬리표가 붙은 약자나 장애인은 끊임없이 무기력을 맛보기 쉽다. 또, 스스로 능력을 발휘하고 키워나가는 것도 힘들어진다. 사회적 측면에서도 이것은 불필요한 큰 짐을 스스로 만들고 있다는 점에서 결코 현명한 대책이라고 생각되지 않는다. 이런 '통합과 필요에 대응한 원조'라는 원칙은 본래 모든 사람들에게 동일하게 적용되는 것이기에 생활인의 측면에서 보면 '약자'와 '강자', '장애인'과 '비장애인'의 구별도 불필요한 것이 된다. 단지 특별한 배려와 원조를 비교적 많이 필요로 하는 사람과 그 배려가 적어도 괜찮은 사람이 있다는 것뿐이다.

유럽 여행을 하다 보면 이런 광경을 자주 마주치게 된다. 휠체어를 탄 사람이 버스에 타려고 하면 승객 두세 사람이 버스에서 내려 휠체어를 끌어당겨 올려 주었다. 그가 내릴 때도 역시 도와주는 승객이 등장했다. 그런 상황에서 돕는 행위는 분명히 필요하다. 마찬가지로

숨은 붙어 있으니 살아야겠고

열차 플랫폼에서 눈이 안 보이는 사람이 걷고 있을 때는 잠시 도와주는 것이 자연스러운 일일 것이다. 그러나 그렇다고 해서 이들을 '신체 장애인'이라는 꼬리표를 붙이고 항상 특별대우를 하는 것은 사실 당사자들을 위해서도 좋은 일만은 아닐지도 모른다.

10장

무기력과
효능감에 대한
미국과 일본의
비교

무기력의 문화적 차이

지금까지 여러 차례 이 책의 내용은 원래 성취 지향적인 미국인에 대한 연구 결과이며 다른 나라에서도 고스란히 적용될지에 대해 의문스럽다는 지적을 해왔다. 나는 어떤 장면에서 무기력이 생기는지, 어떤 조건이 효능감을 방해하는지 등에 관해 특히 일본과 미국 사이에는 상당한 차이가 있을 것으로 생각한다.

심리학 분야는 세계적으로 미국이 앞서 있고 그만큼 활발하게 연구를 진행하는 심리학자의 수도 압도적으로 많다. 특히 무기력과 효능감이라는 개념 자체가 미국의 심리학 연구에서 발전해온 것이므로 우리가 의존하는 많은 자료는 미국에서 얻게 된 것이다. 이러한 이유로 그 내용이 그대로 일본의 '무기력' 문제에 직접적인 도움을 주지 못할 거라는 사실은 피할 수 없는 딜레마(한국도 마찬가지 딜레마에 빠질 수 있다 — 감수자)다.

물론 생리적인 결핍이나 고통에서 아무리 노력해도 벗어날 수 없을 때 무기력이 획득된다는 '극단적'인 경우에 대해서는 미국과 일본의 차이가 없을 것이다. 이것은 실험에서 증명했듯이 개나 쥐에게도 적용되는 사항이기 때문이다.

그러나 어떤 상태가 생리적 결핍이나 고통에 비견되는지에 대해서는 문화에 따라 차이가 있다고 생각한다. 마찬가지로 삶의 보람과 직결되는 숙달이 진정한 효능감을 낳느냐 하는 것의 여부도 문화 차이는 거의 없겠지만 이것이 충족되지 않았을 때의 양상은 좀 다르다. 일시적이긴 해도 효능감을 유발하거나 사람들의 기력을 다소나마 회복시키는 조건이 무엇인가에 관해서는 문화의 차이가 있는 것 같다. 더욱이 효능감을 획득하는 데 방해가 되는 사회적 현실에는 보다 큰 차이가 있으리라 예상된다.

그렇다면 무기력과 효능감에 관련해 미국과 일본의 사회나 문화는 어떻게 다른 것일까?

아마 가장 중요한 차이는 미국이 이른바 전형적인 성취지향사회임에 비해, 일본은 마찬가지 측면을 가지고 있지만 보다 친화(親和)지향사회에 가깝다는 차이가 있을 것이다. 이러한 점으로 보아 그 사회에서 살아가는 사람들이 어떤 장면에서 무기력과 효능감을 갖기 쉬운지에 대해서도 여러 가지 차이가 있을 것이다.

숨은 붙어 있으니 살아야겠고

성취사회인 미국

미국은 전형적인 성취지향사회다. 그 의미는 간단하게 말하자면 '끊임없이 자신의 능력을 발휘하고 또 그 능력을 높여가기를 기대하는 사회'라고 표현할 수 있을 것이다. 이와 같은 차이는 물론 비즈니스 분야에서도 뚜렷하게 인정하는 것 같지만 여기서는 우리가 직접 겪은 대학을 예로 든다.

미국에서는 '저분은 예전에는 대단한 분이셨다'라는 표현을 자주 쓴다. 이것은 물론 지금은 그리 대단한 연구를 하지 않는다는 것을 의미한다. 일본에서는 예전에 훌륭한 성과를 냈다면 그 뒤 특별히 결정적인 실패를 하지 않는 한 영원히 그 대단함을 유지할 수 있는 것에 비해, 미국에서는 아마도 최근 3년 내지는 5년 동안에 좋은 논문을 발표하지 못했다면 그는 이미 '과거의 인물'로 치부되는 것이다.

일본에서는 주임교수라도 되면 오로지 교실 안에서 관리에 전념하거나 연구자로서의 역할로는 여러 가지로 대립하는 논의를 어떻게 조정할 것인지 또는 어떻게 예산을 확보해 큰 규모의 연구 계획을 세울 수 있도록 조정하는 업무에 머무는 경우가 대부분일 것이다. 이에 비해 미국에서는 대학교수로서의 유능함은 무엇보다 매력적인 연구계획서를 쓰는 능력에 있다고 해도 좋다. 일단 이 연구계획의 예산이 교부되었을 경우에는 연구의 주도권을 잡는 것 또한 그에게 기대되는 역할이다. 따라서 그의 역할이 젊은 공동연구자의 의견을 정리하는 정도에 그치는 것은 있을 수 없는 일이다.

교수로서 능력을 발휘한다는 것은 학회 발표나 토론의 장에서도 마찬가지다. 미국에서 일본식의 겸손은 거의 무의미하거나 오히려 유해하다. "저는 아직 잘 모릅니다만" 또는 "그리 대단한 연구를 한 것은 아닙니다만"과 같은 전제는 미국에서 발표할 때 절대로 해서는 안 된다. 아니, 오히려 자신의 연구가 얼마나 재미있는 것인지, 얼마나 중요한 것인지 역설해야만 한다. 그러한 '선전'이 다음에 연구비를 받을 수 있을지 없을지, 또 그의 월급이 인상될지 말지에 결정적인 의미가 되기 때문이다.

또한 논쟁에서 쉽게 물러선다든지 상대의 말이 타당하다고 쉽사리 수용하는 것도 이 사회에서는 결코 바람직하지 않은 태도다. 설령 상황이 나빠도 오히려 큰소리를 내고 상대가 말하고 있는데도 아랑곳하지 않고 끼어들어 기세등등 따져서 상대방을 입 다물게 하는 쪽이 승자가 되는, 미국적인 방식인 것이다.

한 가지 더 중요한 것은 이렇게 자신의 능력을 발휘하고 실력을 더 갈고 닦는 것은 다른 누구도 아닌 바로 자기 자신을 위한 것이라는 인식의 사회적 공감대일 것이다. 그것은 결코 사회나 대학을 위해 헌신하는 일이 아니다. 또한 내 가족을 위해 노력하는 것도 아니다. 그들은 언제나 내 자신이 선두에 서서 '우리들'이 아닌 '나의' 창조를 위해 노력한다. 이러한 사회에서는 어떤 활동이 자기 주도하에 시작되지 않으면, 설령 그것이 성공했다 해도 효능감은 키울 수 없다는 것을 쉽게 이해할 수 있을 것이다.

숨은 붙어 있으니 살아야겠고

친화지향이 강한 사회

일본의 경우에는 친화적인 요소가 훨씬 강하다. 친화지향이란 결국 사람과의 관계를 중요하게 여긴다는 의미다. 바꿔 말하면 자신의 성취나 자신의 능력을 발휘하는 것 이상으로 다른 사람들을 기쁘게 하고 남들에게 받아들여지는 것에 큰 가치를 둔다.

물론 일본도 치열한 경쟁 사회다. 일본 내에서, 또는 외국과의 사이에서 끈질기게 경쟁을 해왔기에 경제적으로 여기까지 성장한 것이라는 것도 분명하다. 그러나 이런 경우의 경쟁 또는 성취는 근본적인 의미에서 자신의 창조를 위한 것도, 능력을 발휘할 기회도 아니다. 많은 경우, 일본에서 추구되는 것은 가족이나 혹은 가족에 빗대어 해석되는 사회나 조직을 위한 것이다. 일본에서 대중화된 출세 경쟁은 대개 '가족을 위해', '아내와 아이들이 풍족한 생활을 누릴 수 있도록' 노력하는 측면이 있다. 열혈 사원은 이제 유행이 지난 것 같지만 그래도 다른 기업과 경쟁하게 되면 눈빛이 달라지는 모양이다. 집단이나 조직에서도 '공헌도'라는 명목으로 능력보다 충성도에 따라 보수를 지급하려는 경향이 있다.

원래 유아독존 격인 대학에서조차 가족과 유사한 집단이 없는 것은 아니다. 학벌이나 동창회가 이에 해당한다. 그러한 집단의 이익을 지키기 위해 행동하는 단계가 되면 보통은 겸허하고 소극적인 대학 교수들도 마치 딴사람처럼 공명심을 드러내고 사리사욕을 추구하는 것처럼 보일 때가 있다.

그러나 이것은 결코 진정한 의미에서의 '나'를 위한 것이 아니다. '나'를 포함한 가족과 유사한 집단을 위한 것이다.

능력 경쟁의 회피

친화 사회에서 개인 간의 능력 경쟁은 일반적으로 회피하는 경향이 있다. 특히 어느 동일 집단에서 소속된 구성원은 서로 경쟁하는 것을 경계한다. 업무 성적에 따라 승진이나 승급이 대폭으로 바뀌는 미국의 대학과 대조적으로 일본에서는 일단 전임강사가 되면, 다소 빠르고 늦긴 해도 지위는 거의 자동적으로 올라가고 봉급 또한 그의 업무 성적에 의해서는 거의 영향을 받지 않는다고 봐도 좋다. 이런 점을 봐도 기업과 기업 간의 경쟁, 대학과 대학 간의 경쟁은 치열하지만, 같은 대학 내에서의 경쟁은 극도로 억제되고 있다.

그러나 일본에는 수험 경쟁이 있지 않느냐고 말할지도 모른다. 확실히 대학입시를 위한 경쟁은 대단히 힘든 것이고 그것도 개인 간에 이루어진다. 그러나 이것도 잘 살펴보면 오히려 미래 오랜 기간에 걸쳐 능력 경쟁을 피하는 기회로써 작용한다는 측면이 크다는 것을 알게 될 것이다. 회사에 들어가면 직원들끼리 정식으로 능력을 경쟁하는 일은 기업의 단결을 해치는 일이 된다. 일본에서는 여러 회의에서 대립되는 의견이 나오고 어느 한쪽의 의견만 채택되는 것은 상대방의 마음에 상처를 준다고 생각한다. 그래서 미국 영화에서 자주 나오

숨은 붙어 있으니 살아야겠고

는 당사자가 각기 다른 자기 나름의 안건을 내고 그 안의 장점과 다른 안의 단점을 지적해서 논의하고 결정하는 장면은 일본에서는 기업에서조차 그리 많지는 않은 것 같다. 일본의 경우 이를 대신해 '사전 교섭(어떤 목적 달성을 위해 공식적인 절차를 밟는 게 아니라, 사전에 관련자와 비공식적으로 미리 논의를 하거나 주변 환경을 조성하는 방식. 여기서는 사전 의견 조정을 뜻한다―옮긴이)'이라는 수법이 있다.

그러나 입사한 사람 모두가 관리직이 될 수는 없는 노릇이라 어떤 형태든 선발은 불가피하다. 선발이 있는 이상, 능력 경쟁도 또한 피할 수 없다. 그래서 이 입사 이후의 경쟁을 완화하기 위해 도입된 것이 학력주의라고 생각한다. 즉, 대학졸업 출신이 빨리 출세했다고 해도 그것은 학력 때문이고 또는 유명 대학 출신이 임원이 돼도 모두가 그것을 당연하게 받아들인다면, 기업 내의 출세 경쟁은 그만큼 기세가 꺾이게 되기 때문이다.

입시 경쟁이 이렇게 치열해진 것은 출세 경쟁과 무관하지 않다. 좋은 대학을 나와 일류 기업, 더 좋은 일자리를 얻기 위한 경쟁 패턴을 지향하기 때문에 몇 년 동안이나 입시를 위해 자신의 생활을 희생하는 것이리라. 그러나 회사에 들어가고 나서도 경쟁하고 그중 뛰어난 업적을 남긴 자만이 회사에 남아 보다 높은 지위에 오르는 방식은 일본 회사와는 맞지 않는다. 가장 지적 자극이 필요한 대학에서조차도 일단 전임강사로 채용만 되면 그 사람은 틀림없이 교수가 된다. 이런 점에서 조교수로 채용된 사람 중 몇 사람에 한 명꼴로 정교수가 되는 미국 대학과는 사정이 크게 다르다. 그리고 이 경쟁을 '미리' 완화해주는 것이 학력주의이며 이것이야말로 수험체제를 지탱하는 것이라고 생각한다.

성취사회에서는 능력이 결정타

성취지향사회에서는 어찌됐든 능력이 전면에 부상하게 된다. 이에 비해 친화지향사회에서는 오히려 타인의 승인이 중요해진다. 일반적으로 사람들이 어느 수준의 성취에 대해 얼마나 긍정적인 반응을 보이는가는 자신이 쏟은 노력에 따라 달라진다는 것을 알기에 상당히 친화지향성을 지닌 성취사회의 경우, 노력과 더불어 '노력의 증거'가 사람들의 관심을 끌게 된다.

니콜스(J. G. Nicholls)가 지적했듯이 미국에서는 아마도 왜 자기가 성공했는지, 또는 왜 실패했는지를 물을 때 중요한 구분은 자신의 능력에 의한 것인지의 여부다. 자기 능력이 높아서 성공했다면 그것은 실로 기뻐할 만한 일이다. 그 능력을 더욱 갈고닦으면 계속해서 성공이 보장될 것이다. 이와 반대로 능력 이외의 요인 덕분이라면 미래의 성공은 반드시 보장된다고 할 수 없다. 한편 능력이 없어서 실패했다면 의욕을 상실할 것이다. 그의 낮은 능력은 또다시 실패를 초래할 것이기 때문이다. 그가 아무리 노력해도 노력으로 능력 부족을 메우기는 어려운 것이 성취지향사회의 철칙이다.

이미 3장에서 살펴본 바와 같이 실험적으로 도입된 실패를 능력 부족으로 귀인하면 그 순간 성적이 뚝 떨어지는 것으로 나타났지만 이것도 미국의 성취지향사회라는 맥락에서만 확실하게 인정받는 현상일 것이다.

친화지향이 강한 일본에서 문제는 능력에만 있는 것이 아니다. '저 사람은 꾸준히 하고 있다'거나 '저 사람의 능력은 그다지 높지 않지만 신뢰할 수 있는 사람이다'는 평가를 자주 듣는다. 아니, 대학처럼 본래 지적 성취에 우선적 관심을 기울여야 하는 조직에서조차 새로 전임 교원을 채용할 때 결정적인 주요 요소는 능력이 아닌 경우가 많다.

물론 미국 대학도 동료로서 같이 기분 좋게 일할 수 있는지의 여부에 사람들의 관심이 모이는 것은 사실이다. 그러나 그저 '성실하게 공부를 잘한다'는 이유만으로 일류 대학에서 근무하는 일은 거의 없다. 엄격한 심사를 거쳐 채택된 적어도 수 편의 논문이 없다면 좋은 대학에 고용될 확률은 거의 없다고 말할 수 있다.

노력을 중시하는 사회

성취지향사회의 경우, 자신의 능력을 발휘하고 그로 인해 성공을 이루는 것이 목표다. 극단적으로 말하면 자기 능력이 높은 것을 과시하고 능력이 높지 않은 부분은 다른 사람들 눈에 띄지 않게 숨겨둘 필요가 있다. 어느 과제가 주어졌을 때, 그것을 바로 풀 수 있다면 멋진 일이다. 시간을 들여서 풀 수 있었다면 다음을 위해 그것 또한 좋은 일일 것이다. 그러나 시간을 들여도 풀 수 없을 것 같으면 가능한 한 빨리 포기하는 편이 좋다. 왜냐하면 시간을 들이지 않고 포기한 경우에는 '능력 없음'을 나타내는 결정적인 증거가 될 수 없지만 '열심히 했는데 안 됐다'는 경우는 더 이상 능력이 높아질 가능성이 없어져 버리기 때문이다. 그런 의미에서 미국 사회는 성공 가능성이 없는 순간 바로 힘을 잃게 되는, 일종의 숙명을 가지고 있다고 할 수 있다.

미국 사회는 끊임없이 도전해 나가는 것을 요구한다. 이것은 실패 가능성이 늘 도사리고 있는 것을 의미한다. 미국의 성공한 실업가의 경력을 살펴보면 대체적으로 한두 번은 파산한 경험이 있다는 사실에 놀라게 된다. 그들의 전기는 한두 번의 실패로 기가 꺾여서는 크게 성공하기 어렵다고 가르쳐 주고 있는 것만 같다. 그러나 여기서 강조하고 싶은 것은 성취지향사회에서는 높은 수준의 성취인가 아닌가에 사람들의 관심이 집중된다는 사실이다. 낮은 수준이긴 하지만 나름 잘했다거나, 최악보다는 조금 더 나은 수준이라면 아무래도 그다지 가치를 두지 않는 것 같다. 말해놓고 보니 미국 사회는 끊임없이 '능력의 증거'를 요구한다고도 할 수 있다. 이에 비해 일본 사회는 목표 달성을 위한 노력 역시 사회적으로 승인받을 수 있을 거라는 기대로 이어진다. 일본에서는 지독한 실패를 경험하기 직전까지는 그래도 포기하지 않는 것이 좋다고 여겨진다. 아니, 성취와 달성이라는 관점에서는 성공 가능성이 없어도 노력하면 그 나름대로 사회적 승인을 얻을 수 있을지도 모른다.

나는 다섯 살 아이에게 간단한 짝 맞추기 과제를 주고, 그들의 작

숨은 붙어 있으니 살아야겠고

업 방식을 비교한 적이 있다. 미국 아이들은 일반적으로 일본 아이들보다 충동적으로 빨리 대답했다. 잘 몰라도 어림짐작으로 고르고 대충 반응하는 경우가 많았다. 이에 비해 일본 아이들은 훨씬 더 시간이 걸렸다. 그들은 마치 어른들이 내준 과제를 쉽게 대답해서 실패하면 미안하다는 인식을 가지고 있는 것 같았다. 그들 중에는 답을 알고 있거나 또는 반대로 이 이상 진행해도 모른다는 것을 알아챘는데도 대답할 때까지 시간을 더 들이는 것으로 보이는 경우조차 있었다.

이미 여러 번 이야기했듯이, 실패한 경우라도 노력한 흔적이 인정되면 그것은 심한 벌칙으로 연결되기는 어렵다. 노력 없이 실패한 형태가 사회적으로 가장 비난받기 쉽다. 반대로, 빨리 반응하면 능력적 평가 면에서는 유리하다. 따라서 짝 맞추기 과제에서 일본 아이들의 과도한 진지함은 능력을 높게 평가해주기보다 노력을 평가해주길 바라는 그들의 바람이 투영된 결과라고도 할 수 있다. 사회적 승인으로 이어지는 노력을 중시하는 경향은 이미 유아기부터 획득되었다고도 말할 수 있다.

숙달에 동반되는 만족이 없는 일시적인 효능감 획득은 미국에서는 무엇보다도 성취, 그것도 능력이 높음을 증명하는 외적인 성공에서 유발되는 경우가 많다. 이에 비해 일본의 경우, 단순한 성취만이 아닌 사회적 승인을 필요로 한다. 아니, 실제로 외적 성공이 없어도 충분한 노력이 다른 사람들에게 인정을 받는다면 그것은 일시적 효능감을 불러올지도 모른다. 적어도 일본에서는 자신의 능력에 대한 증명에 그렇게 연연해하지 않아도 될 것이다.

독립에 대한 집착

성취지향사회인 미국에서는 개인의 능력에 대한 관심이 지극히 강하다는 것을 이미 언급했다. 그러한 사회에서 경쟁은 당연한 일로 받아들여지지만 동시에 '공정해야 한다'는 전제도 강조된다. 어떤 의미에서는 이 점이 미국 사회의 장점이라고 생각한다. 예를 들어, 미국에서는 인종차별이나 여성차별을 줄이기 위해 정부를 비롯하여 지극히 보수적인 사람들을 포함한 많은 사람들이 많은 노력을 기울여 왔다. 정부 관계기관에서는 여성이나 소수민족의 고용 비율까지 정해져 있다. 이들에게 보다 더 많은 기회를 부여하기 위한 조치다. 마찬가지로 걸음이 불편한 사람들이 대학에 갈 기회가 제한당하지 않도록, 대부분의 대학 캠퍼스는 휠체어로 충분히 생활할 수 있게 조성되어 있다. 또, 눈이 불편한 사람들이 입학시험에 불리하지 않도록 그들에게 적합한 수험 방법을 인정하는 일에도 열심이다.

그러나 오해하지 말아야 할 것이 있다. 이것은 어디까지나 공정한 경쟁을 위한 노력이지 약자의 권리를 지키는 것과 직접적으로 연결되지는 않는다는 점이다. 어떤 의미에서 보면 미국은 약자에게 차가운 사회다. 아이는 필연적으로 약자이기 때문에 아이들의 권리가 충분히 보장되고 있다고 할 수는 없다. 미국의 민주주의란 어디까지나 어른들의 민주주의이며, 아이들에게까지 그러한 이해가 깊다는 의미는 아니다. 아이들은 언젠가 어른이 되어 자기도 어른 대접을 받고 싶다는 강렬한 욕구를 품은 채 자란다.

아이들의 경우는 그나마 낫다. 노인들의 경우는 어떨까? 일에서 은퇴하고 자기 힘으로 살아가기 힘들어진 사람일수록 독립에 집착한다. 경쟁 사회 속에서 평생을 보내온 노인들은 자기 능력의 쇠퇴함을 남들에게 보이면 얼마나 얕잡아 보일지 잘 알고 있다. 내 친구인 대학교수도 나이 든 사람일수록 자기 능력이 아직 높다는 것을 어떻게든 과시하려 한다. 그중에는 자기 연구실에 가는데도 엘리베이터를 타지 않고 계단을 이용하거나 화려한 옷을 입는 사람도 있다. 물론 그것만으로 자신의 지위를 지키기는 어렵다. 그의 능력을 증명하는 궁극적인 방법은 좋은 논문을 쓰는 것 외에는 없기 때문이다.

더 나이 들어 혼자 생활하기 힘들어지면 그들은 정말로 괴로운 갈등에 직면한다고 한다. 일본 사회에서는 사람의 능력만으로 가치를 인정받지는 않는다. 적어도 노인의 경우에는 자식들의 부양을 받으며 여생을 보내는 것이 당연하게 여겨진다. 이러한 풍습을 짐스럽게 여기는 자식들이 예전에 비해 늘어났다고는 하지만 사회적으로도 이 부분에 대해서는 충분히 관용적이다.

그러나 철저히 능력주의 사회인 미국에서는 노인들이 독립성을 상실하게 되면, 말하자면 인간으로서의 가치를 잃은 것으로 받아들여진다. 이것이 무기력을 초래하는 사태에까지 이른다는 것은 9장에서 이야기한 것과 같다.

미국과 일본의 노인을 비교하고 있는 아키야마 히로코(秋山弘子)에 따르면, 미국에서는 혼자 큰 집에 살다 몸이 불편해지면 자원봉사자가 가져다주는 식사에 의존하더라도 아들의 부양이나 아들 가족과 같이 사는 것을 거부하는 노인이 적지 않다고 한다. 부유한 아들이 있어도 그렇다는 것이다. 그들에게는 자식들에게 신세를 지지 않는 것이야말로 자신의 능력을 증명하는 길이며 또한 삶의 보람인 것이다. 그런 경우가 되어야만 그들은 겨우 무기력을 느끼지 않고 견딜 수 있다고 할 수 있다. 이에 비해 일본의 경우에는 자신을 기꺼이 돌봐주는 아들이나 딸로 증명되는 자식을 잘 키웠다는 사실이 노인들의 효능감의 원천이라고 해도 무리가 아닐 것이다.

여기서도 또한 어떤 장면에서 무기력과 효능감이 생기는가의 문제는 사회적·문화적 배경에 의해 크게 영향받는다는 사실을 알 수 있을 것이다.

어느 쪽이 더 나은 사회인가

앞서 말했듯이 미국도 일본도 최대한 효능감을 발휘하는 측면에서 보자면, 알맞은 사회적 조건을 갖추고 있다고 하기 어렵다(그렇다고 다른 특정 국가가 이상적이라고도 생각되지 않는다). 미국의 경우에는 능력의 증명 기준이 외적 성공으로, 활동이나 숙달에 내재된 개인의 만족감이 무시되는 경향이 있다. 그런 사회에서 경쟁에서 끊임없이 계속 이기는 사람은 일시적이긴 하지만 효능감을 가질 수 있을 것이다. 또한 그렇게 외적인 성공 기준이 강조됨에도 실제로 뛰어난 내적 만족까지 얻을 수 있는 일에 종사하는 사람들은 효능감을 가질 수 있을 것이

숨은 붙어 있으니 살아야겠고

다. 그러나 그렇지 않은 대다수의 사람들은 실제로는 효능감을 얻기 힘들 뿐만 아니라 무기력에 빠지기 쉽다. 이런 사회에서는 능력 부족을 인정하면, 그 순간 인간으로서의 가치를 의심받게 되고 자존심이 크게 상해 무기력에 빠져들기 쉽다. 그런 이유로 어떻게든 실패를 노력 부족 탓으로 돌리고 싶어 한다. 그러나 아무리 자신의 실패가 능력 부족에 있다는 것을 인정하지 않고 노력 부족임을 강조한다 해도, 그것은 허무한 메아리에 지나지 않음을 많은 미국인이 실감하고 있지 않을까?

이에 비해 일본의 경우는 사회적 승인을 받고 싶어 하는 경향이 많다. 사회적 승인은 마찬가지로 외적인 기준이긴 하지만 타인과의 연결을 중요하게 여긴다는 점에서 사람들의 실존적 욕구 충족에 직결되기 쉬운 측면이 있다. 또한 사회적 승인은 노력에 의해서도 결정되기 때문에 오로지 외적 성공 기준에 의해 좌우된다고 하기는 어렵다.

이렇게 생각해보면, 현재 사회를 효능감의 조건에 한정해서 비교했을 때 미국에 비해 일본 사회는 아직 나은 형편인지도 모르겠다(물론 나는 이 현상에 만족해서는 안 된다고 생각한다. 이것은 9장에서 말한 바와 같다).

가능한 한 많은 사람들이 효능감을 갖기 위해 지금 가장 필요한 것은 오히려 획일주의에서 탈피하는 일일 것이다. 즉, 사람들의 다양한 가치관이 받아들여지고 각자가 기울인 노력이나 성취한 숙달의 의미가 그 사람의 가치관에 비추어 평가되는 일일 것이다.

사회적 승인에 중점을 둔 사회에서는 자칫하면 획일주의가 강화되어 사람들은 무엇을 해도 끊임없이 타인의 시선을 신경 쓰고 살아가야만 한다. 일본식 '관리사회'의 특색은 관리자가 이 획일주의를 계속해서 이용해 피관리자의 행동을 아주 사소한 부분까지도 통제하려 드는 것이다. 예를 들어, 종종 외국으로부터 비난받는 '일중독증'도 일본인의 내면에 뿌리박힌 '노력 신앙'의 사회적 소산일 뿐만 아니라 일을 안 하면 주위로부터 비난 받을지도 모른다는, 말하자면 외부로부터의 암묵적 강요에 의한 측면이 있다.

이래서는 가능한 숙달의 분야가 점점 줄어들게 된다. 또, 자율감을 갖는 것은 물론이고 자신의 내적 만족을 기준으로 새로운 창조를 시도해보는 일도, 그리고 그것을 통해 자기실현화를 꾀하는 일도 모두 힘들어지게 된다. 이것이야말로 효능감 발달의 최대 장애가 아닐까?

숨은 붙어 있으니 살아야겠고

인물 해설

* 셀리그만(M. E. P. Seligman)

펜실베이니아대학의 심리학자. '학습된 무기력'의 실험적 연구의 창시자. 이 연구는 학습연구에서 인지적 접근을 굳건히 하는 데 획기적 역할을 했을 뿐 아니라 인간의 심리병리학 분야에 있어서도 억울한 상태의 이해 등에 커다란 공헌을 했다. 또한 본문에서도 언급한 바와 같이 그가 도입한 이 개념은 발달심리학자 및 교육연구자 등 다방면의 사람들에게 많은 영향을 주었다. 이러한 공적으로 1976년에 미국 심리학회로부터 '우수한 젊은 연구자를 위한 상'을 받았다.

Seligman, M. E. P. 《Helplessness : On depression, development, and death》 Freeman, 1975.

* 루이스(M. Lewis)

미국의 교육 테스트 서비스(Educational Testing Service) 소속의 심리학자. 유아의 지적발달과 인격발달 연구를 전문영역으로 삼고 있으며 자신의 실험실에서 행해진 방대한 연구결과를 토대로 야심적인 이론화에 힘쓰고 있다. 자아개념 혹은 자기 효능감의 발생문제에 관심을 가지고 셀리그만의 '학습된 무기력' 개념을 잘 적용하면서 그 출발을 유아기의 아주 초기 환경, 특히 어머니와의 상호교류에서 구하고 있다.

Lewis. M. 《The origins of self competence》, Paper presented at the NIMH Conference on Mood Development. Washington, D. C., November, 1976.

* 로버트 화이트(R. W. White)

1959년에 「동기부여의 재고(再考) : 능력의 개념」이라는 논문을 발표했는데 사람을 포함한 모든 동물은 환경과 효과적으로 상호교섭하려는 경향이 있어서 이것을 충족하면 내적 기쁨을 유발한다는 동기부여에 대한 새로운 접근 방식을 제창했다. 이 논문은 지금도 동기부여 연구자뿐만 아니라 발달연구자에게도 많은 영향을 주고 있다. 심리학에서 요즘 '효능감', '유능감'이라는 용어가 자주 쓰이게 된 배경에는 이 논문이 있다고 해도 과언이 아닐 것이다.

White, R. W. 「Motivation reconsidered : The concept of competence.」, 《Psychological Review》, 1959, 66, 297-333.

* 와이너(B. Weiner)

동기연구를 전문분야로 하는 캘리포니아대학의 사회심리학자. 귀인과 동기, 특히 성취욕구와 연결해 이론을 발전시켰다. 이는 어떤 반응의 결과로 생긴 성공과 실패의 원인을 어디에서 구하는지에 대한 인지가 인간 행동의 동기부여에 있어 중심적인 역할을 한다는 것으로 동기부여 연구 전반에 지대한 영향을 끼쳤다. 최근에는 동기부여 요소로서 감정의 역할을 중시해 이를 귀인이론 속에 도입하는 연구를 시도하고 있다.

Weiner, B. 《A theory of motivation for some classroom experiences. Journal of Educational Psychology》, 1979, 71, 3-25.

Weiner, B. 《Human motivation》 Holt, Rinehart & Winston, 1980.

숨은 붙어 있으니 살아야겠고

* 드웩(C. S. Dweck)

일리노이대학의 심리학자. 셀리그만이 동물실험을 근거로 제출한 '학습된 무기력'의 개념을 귀인이론과 연결 지어 아동에게 적용했을 때, 학업성취에서 '실패'하면 바로 무기력에 빠지기 쉬운 아이와 그렇지 않은 아이의 특성을 밝혀내는 연구를 진행했다. 그 결과, 실패했을 때 그것을 자신의 노력 부족 탓으로 돌리는 경향이 강하면 무기력에 빠지기 힘들다는 사실을 밝혀냈다. 이러한 입장에서 학업부진아의 치료로는 그 아이들의 귀인을 노력귀인 쪽으로 바꾸게 하는 것이 유효하다고 주장한다. 또한 교실 안에서 교사가 학생들의 언행이나 성적에 부여하는 피드백에 따라 학생들의 노력귀인 경향의 개인차가 형성되는 과정에 대해서도 분석하고 있다.

Dweck. C. S. & Goetz, T. E. 《Attributions and learned helplessness》 In J. H. Harvey, W. Ickes & R.F. Kidd (Eds.) 《New directions in attribution research. Vol.2》 Lawrence Earlbaum Associates, 1977.

* 데시(E. L. Deci)

로체스터대학의 사회심리학자. 외적 보상(금전이나 칭찬 등)이 내적 동기에 어떤 영향을 끼치는지에 관심을 갖고 일련의 실험결과를 토대로 '인지적 평가이론'을 제창했다. 그에 따르면 외적 보상은 타인을 통제하고자 하는 통제적 측면과 결과의 좋고 나쁨에 관한 정보를 알려주는 정보적인 측면이 있다. 전자의 측면이 후자보다 강하면 보상이 주어지는 것에 의해, 그러한 행동을 일으킨 원인이 내부(자기 자신)에 있는 것이 아니라 외부(타인)에 있다고 지각하게 되어 내적 동기는 약화된다. 반대로 후자의 측면이 강한 보상의 경우는 자신의 효능감이나 자기결정감이 강화되어 내적 동기가 강력해진다고 주장한다.

Deci, Edward L.; Ryan, Richard M. 《Intrinsic motivation and self-determination in human behavior》 New York: Plenum. 1985.

* 리처드 라이언(R. M. Ryan)

현재 호주가톨릭대학(Australian Catholic University)의 긍정심리학 및 교육 연구소 교수 및 로체스터대학의 연구 교수. 데시와 함께 가장 영향력 있는 심리적 동기 이론 중 하나인 자기결정이론(self-determination theory)을 개발했다. 자기결정이론은 내재적 동기, 외재적 동기, 및 의지적 동기의 기초와 촉진에 관한 연구를 촉발시켰으며, 이론적 연구 외에도 웰빙, 게임, 스포츠를 포함한 여러 영역에서 동기 요인을 연구하고 중재 방안을 개발하는 데 응용되었다. 라이언은 데시와 함께 자기결정이론 및 심리적 동기이론을 개관하는 논문 및 저술을 여러 차례 발표했다.

Ryan, R. M., & Deci, E. L. 《Self-determination theory: Basic psychological needs in motivation, development, and wellness》 New York: Guilford Publishing. 2017.

* 래퍼(M. R. Lepper)

스탠퍼드대학의 사회심리학자. 유치원 어린이를 대상으로 한 절묘한 실험으로 외적 보상의 도입이 내적 흥미를 저하시킨다는 사실을 훌륭하게 증명해 이 분야 연구에 큰 성과를 이루었다. 그는 내적 흥미에서 유발된 행동이 외적 보상의 도입으로 인해 보상을 얻기 위한 수단으로 활동했다고 인지하게 되기 때문이라고 해석하고 있다. 아래 문헌의 편저자들은 보상이 일으키는 학습 성적 또는 흥미의 저하에 관심을 갖는 최고의 연구자들이 집필한 것으로, 그중에서도 래퍼가 중심적인 역할을 담당하고 있다.

Lepper, M. R., Greene, D. & Nisbett, R. E. Undermining children's intrinsic interest with extrinsic reward : A test of the "over justification" hypothesis. 《Journal of Personality and Social Psychology》, 1973, 28, 129-137.

Lepper, M. R., Greene, D. (Eds.)《The hidden costs of reward : New perspectives on the Psychology of human motivation》Lawrence Erlbaum Associates, 1978.

* 데이비드 존슨(D. W. Johnson)

미네소타대학의 심리학자로 주로 교육의 사회심리학이라고 할 수 있는 분야에 관심을 갖는다. 특히 협동적인 분위기에서의 학습이 경쟁적 학습이나 개별적 학습에 비해 과제 해결의 질과 상대방의 입장에 대한 공감이나 이해, 학습 또는 학교에 대한 바람직한 태도의 형성 등에 어떠한 촉진 효과가 있는지를 밝혀내고자 열정적으로 연구를 진행하고 있다. 형제인 R. 존슨과의 공동연구도 많다.

Johnson, D. W., Johnson, R. T., Johnson, J. & Anderson, D. Effects of cooperative versus individualized instruction on student prosocial behavior, attitudes toward learning, and achievement.
《Journal of Educational Psychology》, 1976, 68, 446-452.

Johnson, D. W., Johnson, R. T. & Scott, L. The effects of cooperative and individualized instruction on student attitudes and achievement.
《The Journal of Social Psychology》, 1978, 104, 207-216.

* 마키 유스케 (眞木悠介)

사회학자. 미타 소스케(見田宗介, 도쿄대학 교양학부)의 필명이다. 미타의 저술에서 가장 매력적인 점은 일상적인 추상적 자료의 의미를 읽어내는 천재적인 직관에 있다고 생각하는 데 또한 이 절차를 방법론적으로 검토한 공적도 크다. 동시에 그는 '마키 유스케'라는 이름으로 현대 사회를 논하는 전반적인 카테고리에 대해 포괄적이고도 야심적인 구상을 발표하고 있다. 이 책에서 인용한 것은 그중 하나로, 아래 책에 포함되어 있는 '인간적 욕구이론'이다. 이것은 기존의 심리학자들에 의한 이른바 나열적인 욕구리스트와는 달리 입체적으로 구조화한 것이라고 평가할 수 있다.

眞木悠介《人間解放の理論のために》筑摩書房 1971.

❋ 엘렌 랭거(E. J. Langer)

하버드대학의 사회심리학자. 미국에서 가장 활동적인 여성 심리학자 중 한 명이다. 이 책의 주제와 관련해 그녀의 연구 특징을 살펴보면, 사람들이 어떤 일을 스스로 통제할 수 있다는 느낌을 갖는 것은 어떤 경험에서 비롯되는지에 관심을 기울이는 데 있다. 즉 무기력에 빠지게 하는 경험을 더듬는 대신에 무기력에서 빠져나오는 데 필요한 경험, 혹은 더 나아가 효능감을 가져다주는 경험을 추구한다고도 할 수 있다. 그 좋은 예가 9장에서 소개한 노인이 무기력에서 벗어날 수 있는 여러 가지 방법과 그 효과를 다룬 연구이며 이러한 접근은 수술 전 환자, 이혼을 원하는 사람들에게도 적용되고 있다.

Langer, E. J. The illusion of incompetence. In L. C. Perlmuter & R. A. Monty(Eds.) 《Choice and perceived control. Lawrence Erlbaum Associates》, 1979.

숨은 붙어 있으니 살아야겠고

무기력의 심리학

숨은 붙어 있으니
살아야겠고

1판 1쇄 발행 2022년 7월 1일

지은이 하타노 기요오 · 이나가키 가요코

옮긴이 김현숙

감수 박창호

디자인 · 일러스트 김형균

기획 홍성민

펴낸이 김현숙 김현정

펴낸곳 공명

출판등록 2011년 10월 4일 제25100-2012-000039호

주소 서울시 마포구 월드컵북로 402, KGIT센터 925A호

전화 02-3153-1378 | **팩스** 02-6007-9858

이메일 gongmyoung@hanmail.net

블로그 http://blog.naver.com/gongmyoung1

ISBN 978-89-97870-65-3 (03180)